lonely planet

DE CERCA
ESTAMBUL

Virginia Maxwell

Sumario

Puesta a punto

Arriba: Gran Bazar (p. 74).
Abajo: Beta Yeni Han (p. 85).

:xplora Estambul 41

1erece la pena

DE IZDA. A DCHA.: ABHISHEKMITTAL/SHUTTERSTOCK ©, LAPAS77/SHUTTERSTOCK ©

Guía práctica 177

★ Imprescindible

El viaje empieza aquí

¿Por qué adoro Estambul? Hay muchas razones. Me encantan los lugareños y su hospitalidad y humor inagotables. Me gusta caminar por las calles del casco antiguo mientras se despliegan ante mí capas de una historia milenaria. Adoro escuchar a los muecines retándose desde sus minaretes y contemplar el perfil urbano más hermoso del mundo desde la cubierta de un ferri. Me gustan los restaurantes, los bares y los salones de té. Pero, sobre todo, me encanta descubrir fantásticas experiencias culturales en cada esquina.

Virginia Maxwell
@maxwellvirginia
Virginia reside en Australia y ha escrito guías de Lonely Planet sobre numerosos destinos. Visita Turquía con frecuencia y ha colaborado en varias ediciones de las guías de Estambul y Turquía, además de escribir sobre Estambul para numerosos periódicos y revistas.

Vista de Estambul.

LO MEJOR

Experiencias culinarias

En Estambul hay tentaciones gastronómicas para todos los presupuestos, gustos y ocasiones, todas memorables gracias al uso de productos frescos de temporada, uno de los mayores tesoros de Turquía.

Comer como un sultán en un restaurante de Sultanahmet con platos que se idearon en las cocinas del **palacio imperial.** (p. 66)

Devorar *lahmacun* (*pizza* al estilo turco; foto arriba izda.) cocinada en horno de piedra en Güneşlibahçe Sokak, en **Kadıköy Çarşı,** calle centrada en la comida. (p. 166)

Darse un capricho en **Karaköy Güllüoğlu,** que sirve el mejor *baklava* de la ciudad (foto arriba dcha.) desde 1949. (p. 128)

Saborear las creaciones de los modernos chefs turcos en los restaurantes más prestigiosos de Beyoğlu, **Neolokal** y **Aheste.** (p. 125)

Elegir deliciosos platos de cocina regional turca en el prestigioso **Çiya Sofrası,** el mejor *lokanta* de la ciudad. (p. 170)

Degustar los suntuosos *meze* que se ofrecen en las famosas **'meyhanes'** (tabernas) de Beyoğlu. (p. 129)

Dcha.: Çiya Sofrası (p. 170)

çiya
SOFRASI

LO MEJOR

Bebidas

Los fines de semana y al salir del trabajo, a los lugareños les encanta ir a un bar o un café para relajarse y charlar, en muchos casos en un ambiente evocador o pintoresco.

Ver los ferris entrar y salir de un *iskele* (muelle) en un **'vapur kafe'** (café del puerto) como los de Beşiktaş, Moda o Karaköy. (p. 156)

Unirse a los jóvenes que se reúnen en los bares de Sofyalı Sokak, en **Asmalımescit.** (p. 124)

Disfrutar de las maravillosas vistas de la terraza del **Mikla,** un bar en Beyoğlu abierto solo en verano. (p. 123)

Tomar un café turco preparado por expertos en **Hasırcılar Caddesi** (foto arriba), cerca del bazar de las Especias en Kuru Kahveci o A'la Khave Evi. (p. 85

Seguir a los estudiantes de la Universidad de Estambul que se dirigen a los **cafés de azotea** cerca de la mezquita de Süleymaniye al salir de clase. (p. 89)

Vivir el ambiente literario en uno de los **cafés-librería** de Beyoğlu. (p. 122)

Dcha.: cafés de azotea

LO MEJOR

Compras

En Estambul se ha perfeccionado el arte de comprar a lo largo de los siglos, y muchos visitantes siguen el ejemplo, especialmente cuando se trata de la amplia variedad de artesanía.

Ir a **Ali Muhıddin Hacı Bekir,** en Eminönü, famoso por sus deliciosos *lokum* (delicias turcas) desde 1777. Hay muchas otras sucursales. (p. 85; foto arriba)

Hacerse con arte textil de un diseñador de moda local en una **'boutique' de Beyoğlu.** (p. 127)

Comprar un recuerdo de diseño en alguna de las **tiendas de menaje del hogar** de Tophane y Çukurcuma. (p. 132)

Caer en la tentación de comprar productos de lujo en los grandes almacenes y *boutiques* del exclusivo **barrio de Nişantaşı.** (p. 132)

Comprar toallas tejidas a mano y otros textiles de calidad en el **bazar Arasta,** bajo la Mezquita Azul. (p. 67; foto arriba)

Regatear para comprar una alfombra o tapiz en el **Gran Bazar.** (p. 74)

Dcha.: Gran Bazar (p. 74).

Bazar de las Especias (p. 82)

LO MEJOR

Mercados y bazares

Visitar los bazares de la ciudad es una experiencia obligada, pero unirse a los lugareños que hacen sus compras en los vibrantes mercados callejeros es igualmente recomendable.

Dedicar unas horas a explorar la red de pasarelas y *hans* (caravasares) que conforman el legendario **Gran Bazar.** (p. 74)

Reservar la mañana del miércoles para unirse a los vecinos en el gran mercado semanal de **Çarşamba Pazarı,** al norte de la mezquita de Fatih. (p. 105)

Hacerse con los mejores productos frescos de Turquía en el concurrido **Kadıköy Çarşı,** que cuenta con tiendas y puestos que venden delicias de todo el país. (p. 166)

Ir al **mercado callejero** dominical en el barrio obrero de Tarlabaşı, cerca de Beyoğlu, donde los niveles de ruido son altos y los precios bajos. (p. 122)

Seguir el rastro de los aromas del **bazar de las Especias** de Eminönü y la zona comercial adyacente de Hasırcılar Caddesi. (p. 82)

LO MEJOR

Salones de té

Los lugareños dominan el arte del *keyif* (placer) y lo practican siempre que pueden. Los *çay bahçesis* (salones de té) son el epicentro del *keyif* y ofrecen rincones relajantes.

Disfrutar de un *çay* en el tranquilo patio de **Caferağa Medresesi.** (p. 63)

Tomar el *teleferik* para ir a la terraza panorámica del **Café Pierre Loti.** (p. 103)

Respirar el aroma de las glicinias en primavera en la terraza del **Beltur Kandil Kafe.** (p. 47)

Relajarse tomando un té o un café frente al mar en **Bebek Kahve.** (p. 158)

Admirar la Mezquita Azul desde el **Derviş Café & Restaurant,** al aire libre. (p. 59)

Sentarse junto a los árboles para ver el mar en **Moda Çay Bahçesi.** (p. 169)

Café Pierre Loti (p. 103).

İstanbul Modern (p. 114).

LO MEJOR

Galerías de arte

Tanto los emperadores bizantinos como los sultanes otomanos fueron mecenas de las artes; hoy los bancos y empresas privadas apoyan la vibrante cultura de las artes visuales.

Dedicar al menos medio día al museo más importante de la ciudad, el **İstanbul Modern** o Museo de Arte Moderno de Estambul. (p. 114)

Contemplar arte visual de vanguardia en **ARTER,** en un edificio de arquitectura notable en Dolapdere, cerca de la plaza Taksim. (p. 133)

Admirar colecciones de primer nivel de pinturas orientalistas y cerámica otomana, así como interesantes exposiciones temporales en el **Museo de Pera** de Beyoğlu. (p. 116)

Visitar **Feshane Artİstanbul,** un centro cultural y de exposiciones ubicado en una fábrica de *feces* recientemente restaurada en el Cuerno de Oro. (p. 103)

Cruzar el Bósforo para ver arte tradicional y contemporáneo en el **Museo Sakıp Sabancı,** una histórica villa junto al mar con un anexo contemporáneo. (p. 159)

LO MEJOR

Museos

La rica historia y cultura de Constantinopla y de los imperios bizantino y otomano se exhiben en impresionantes museos que atesoran obras de un valor incalculable y objetos fascinantes.

Admirar alfombras y tapices antiguos en el **Museo de Arte Turco e Islámico.** (p. 57)

Sumergirse en el peculiar **Museo de la Inocencia,** oda del escritor Orhan Pamuk al Estambul de mediados del s. XX. (p. 118)

Ver sarcófagos tallados de la Necrópolis Real de Sidón en el edificio principal del **Museo Arqueológico de Estambul.** (p. 64)

Saber más sobre los judíos sefardíes de la ciudad en el **Museo de los Judíos Turcos** de Gálata. (p. 125)

Visitar la colección de objetos antiguos y otomanos del **Museo Sadberk Hanım** en Büyükdere. (p. 160)

Museo Arqueológico de Estambul (p. 64).

LO MEJOR

Experiencias bizantinas

Conocido por sus carismáticos emperadores, sus poderosos ejércitos, su refinada cultura y sus disquisiciones teológicas, el legado de Bizancio resuena aún en las iglesias, cisternas, castillos y monumentos que perviven en la ciudad de Constantino.

Visitar las galerías superiores adornadas con mosaicos de **Santa Sofía.** (p. 52)

Caminar hasta la **iglesia de San Salvador de Cora** (mezquita de Kariye), con mosaicos bizantinos. (p. 104; foto arriba)

Visitar bajo tierra la **Cisterna Basílica** con su base acuática y sus 336 columnas. (p. 60)

Seguir las huellas del emperador Justiniano y su consorte Teodora en **Pequeña Santa Sofía** (Küçük Aya Sofya). (p. 65)

Recorrer el **circuito del Hipódromo,** donde los emperadores bizantinos seguían las carreras de carros. (p. 55; foto arriba)

Disfrutar de un *çay* a la sombra del **acueducto de Valente,** cerca de Kadınlar Pazarı, en Zeyrek. (p. 104)

Dcha.: acueducto de Valente (p. 104).

DE IZDA. A DCHA.: TATYANA BAKUL/SHUTTERSTOCK ©, PHOTO OZ /SHUTTERSTOCK ©, LAPAS77/SHUTTERSTOCK ©

LO MEJOR

Experiencias otomanas

El sultán otomano Mehmed II conquistó Constantinopla el 29 de mayo de 1453, poniendo fin al Imperio romano de Oriente e iniciando una ola de construcciones que legó numerosos monumentos y acabó con otros tantos.

Recorrer los jardines repletos de pabellones, el opulento harén y el tesoro repleto de gemas del **palacio de Topkapı.** (p. 46; foto arriba)

Maravillarse en la **mezquita de Süleymaniye,** en el centro de un complejo intacto de edificios otomanos. (p. 80)

Dejarse subyugar por la **Mezquita Azul,** con más minaretes y estilo que cualquier otra. (p. 58)

Ir en ferri a Üsküdar para visitar sus mezquitas imperiales, incluida la **mezquita de Atik Valide,** de gran importancia arquitectónica e histórica. (p. 155)

Contemplar los excesos decorativos del **palacio de Dolmabahçe,** a orillas del Bósforo. (p. 150; foto arriba)

Ir al barrio de **Eyüpsultan** (p. 102), junto al Cuerno de Oro, para admirar sus tumbas, mezquitas y madrazas.

Dcha.: mezquita de Süleymaniye (p. 80)

Ayasofya Hürrem Sult
Hamamı (p. 6

LO MEJOR

Baños turcos

Los lugareños y muchos visitantes aprecian las exfoliaciones y los masajes relajantes en magníficos *hamams* (baños turcos llenos de vapor desde la época otomana.

Emular a Haseki Hürrem Sultan, esposa de Solimán el Magnífico, y disfrutar de un baño en el entorno palaciego del **Ayasofya Hürrem Sultan Hamamı.** (p. 66)

Disfrutar de un baño en uno de los *hamams* más históricos y atractivos de la ciudad, el **Cağaloğlu Hamamı.** (p. 67)

Ir barrio de Zeurek, en el casco antiguo, para recibir un tratamiento en el restaurado **Hamam Zeyrek Çinili,** obsequio a la ciudad del pirat Barbarroja. (p. 105)

Visitar un baño público modesto, per restaurado con cariño: **Çukurcuma Hamamı.** (p. 126)

Reservar un tratamiento de lujo en e **Kılıç Ali Paşa Hamamı,** en Karaköy, edificado por un almirante de la flota otomana. (p. 126)

LO MEJOR

Ocio

En esta ciudad no hay excusa para aburrirse: festivales, discotecas, espectáculos, conciertos y eventos deportivos son solo una parte de la oferta.

Ir de fiesta a **Babylon Bomonti,** un popular club y sala de conciertos. (p. 134)

Asistir a un concierto en uno de los disco-bares de **Kadife Sokak** (también llamada Barlar o Beer Street) en Kadıköy. (p. 173)

Ver girar a los derviches en el **centro cultural Hodjapasha.** (p. 65)

Unirse a los aficionados al *jazz* en el muy popular **Nardis Jazz Club.** (p. 130)

Arreglarse para ver una ópera o un concierto en el **centro cultural Atatürk.** (p. 123)

Ver un partido en el **Beşiktaş Park,** sede del club de fútbol homónimo. (p. 156)

Centro cultural Atatürk (p. 123).

Puerto de ferris, Büyükada (p. 17
islas Príncip

LO MEJOR

Excursiones en ferri

Embarcar en uno de los famosos ferris de la ciudad es la experiencia por excelencia. Los viajes transcontinentales son difíciles de superar, pero los ferris del Bósforo lo consiguen.

Pasar de Europa a Asia navegando a **Kadıköy y Moda** desde Eminönü, Karaköy, Kabataş o Beşiktaş. (p. 163)

Embarcarse en una de las experiencias emblemáticas de la ciudad: un crucero por el **Bósforo** para ver las numerosas *yalıs* (mansiones frente al mar) históricas. (p. 142)

Subir y bajar del ferri que surca el evocador **Cuerno de Oro** y visitar los muchos barrios ricos en historia de su orillas. (p. 98)

Pasar un día pasando de un continent a otro y recorriendo los **barrios del Bósforo** en ferris de cercanías. (p. 139

Huir de la ciudad e ir a las **islas Príncipe** (Adalar), un lugar de veraneo de gran tradición. (p. 174)

Lo mejor para niños

r al **parque Gülhane,** con un parque infantil, árboles frondosos, mucho ésped y una cafetería con terraza para que los padres descansen. (p. 178)

Pulsar muchos botones y subir a diferentes medios de transporte en ıl **Museo Rahmi M Koç,** en el Cuerno de Oro. (p. 178)

er la espeluznante cabeza de Medusa invertida en la subterránea **Cisterna Basílica.** (p. 60)

Aprovechar las guías digitales para familias del **İstanbul Modern,** que ıcluyen cuestionarios y la oportunidad le crear obras de arte digitales. (p. 114)

r en ferri a **Moda** para pasear junto al agua, probar un *dondurma* (helado) y 'isitar el parque infantil frente al Moda Çay Bahçesi. (p. 168)

Lo mejor gratis

Descubrir la fascinante cultura de los baños turcos en el **Museo de la Cultura del Hamam Turco,** en Beyazıt. (p. 89)

Visitar las magníficas **mezquitas imperiales** otomanas, abiertas a todos sin importar su religión. (p. 88)

Ir al **Museo de Pera** los viernes de 18.00 a 22.00, cuando la entrada es gratuita. Los miércoles, la entrada a la galería y al cine es gratis para estudiantes. (p. 116)

Admirar las **'türbes'** (tumbas) imperiales revestidas de azulejos que hay por toda la ciudad; la entrada a todas es gratuita. (p. 81)

Recorrer el lado europeo del Bósforo un martes, cuando la entrada al **Museo Sakıp Sabancı** es gratuita. (p. 159)

Tres días perfectos

Después de disfrutar de un desayuno turco, toca ponerse en marcha y visitar mezquitas, museos, mercados y demás atractivos de primera que esta ciudad ofrece.

Puesto de kebabs.

PRIMER DÍA

Si solo se dispone de un día

MAÑANA

El día empieza en la plaza Sultanahmet, visitando **Santa Sofía** (p. 52) y la **Mezquita Azul** (p. 58). Después hay que ir al **palacio de Topkapı** (p. 46) para no perderse su exquisito harén.

TARDE

Se va al **Gran Bazar** (p. 74) y luego se baja la bulliciosa **Mahmutpaşa Yokuşu** (p. 84) para ver el **bazar de las Especias** (p. 82) y la **mezquita de Rüstem Paşa** (p. 84; foto arriba) e Eminönü. Una vez allí, hay que probar un café turco en **Kuru Kahveci** (p. 93), el local del famoso comercian Kurukahveci Mehmet Efendi.

NOCHE

Se cruza el puente de Gálata para tomar un aperitivo en la azotea de **Mikla** (p. 123) seguido de kebabs en **Antiochia** (p. 136) o **Zübeyir Ocakba** (p. 136).

SEGUNDO DÍA

Un fin de semana

MAÑANA

El segundo día hay que estar a las).00 en el muelle de ferris del Bósforo de Eminönü para embarcar en un **:rucero largo por el Bósforo** (p. 142), a emblemática vía fluvial. Lo mejor es bajar en Sarıyer y regresar en autobús a la plaza Taksim, parando en Emirgan para almorzar en la terraza panorámica del **MSA'nin Restoranı** (p. 160) en el **Museo Sakıp Sabancı** (p. 159; foto arriba).

TARDE

El resto de la tarde se puede dedicar a ver arte turco e internacional en el **İstanbul Modern** (p. 114) o pinturas orientalistas en el **Museo de Pera** (p. 116).

NOCHE

Se puede cenar en **Aheste** (p. 125) o **Neolokal** (p. 125), admirables exponentes de la alta cocina turca moderna.

TERCER DÍA

Una escapada

MAÑANA

El tercer día hay que embarcar en el ferri del **Cuerno de Oro** (p. 98) en Karaköy y navegar por el canal hasta **Eyüpsultan,** rico en monumentos (foto arriba), para hacer el **circuito a pie** (p. 102).

TARDE

Se regresa en tranvía al casco antiguo para un baño de vapor en un *hamam* histórico: **Ayasofya Hürrem Sultan Hamamı** (p. 66) o **Cağaloğlu Hamamı** (p. 67) son excelentes opciones.

NOCHE

Se pasa la última noche en Karaköy, cenando en las terrazas de **Mürver** (p. 136) o **Karaköy Lokantası** (p. 136). Para el postre, es mejor hacer una parada en **Karaköy Güllüoğlu** (p. 128) para probar el *baklava* más famoso de la ciudad.

Con más tiempo

Unos días más permiten alejarse de las rutas turísticas más transitadas. La primera parada puede ser la resplandeciente **mezquita de Süleymaniye** (p. 80), y después ir a Edirnekapı para ver los mosaicos y frescos bizantinos de la **iglesia de San Salvador de Cora** (también conocida como mezquita de Kariye; p. 104). Los miércoles hay que hacer una parada en la colorida **Çarşamba Pazarı** (p. 106).

Hay que aprovechar la ocasión de cruzar de Europa a Asia y recorrer el **Kadıköy Çarşı** (p. 166), un mercado de productos frescos, disfrutar de un té e el **Moda Çay Bahçesi** (p. 169); y visita mezquitas históricas en **Üsküdar** (p. 154).

Con más tiempo es posible hacer recorridos temáticos: el paseo por la **Ruta del Café Turco** (p. 86) ofrecido por Istanbul Walks, el recorrido gastronómico por los **callejones del barrio del bazar** (p. 87) de Culinary Backstreets, o la ruta por el lado asiático de la ciudad de **Alternative City Tours** (p. 170).

Kadıköy Çarşı (p. 166)

Una excursión

Entre mediados de abril y octubre, las **islas Príncipe** (Adalar; p. 174) son un agradable refugio del bullicio de la ciudad. Los ferris parten de Kabataş, Eminönü o Beşiktaş y navegan por el mar de Mármara, con parada en cuatro de las nueve islas del grupo. Se puede pasar la primera mitad del día en la más grande, **Büyükada** (foto arriba) y caminar por los pinares o nadar en sus playas. Después hay que tomar el ferri a la segunda isla, **Heybeliada,** con calles bordeadas de villas de madera del s. XIX. De regreso, las vistas del atardecer son un gran colofón.

En un día de lluvia

El palacio de Topkapı, los mercados callejeros y los viajes en ferri se deben evitar cuando llueve. Es preferible ir a Beyoğlu para pasar un rato en el **İstanbul Modern** (p. 114), con un buen restaurante para comer antes o después de la visita. El **Gran Bazar** (p. 74) también es una buena opción, ya que proporciona horas de entretenimiento. Otras actividades tentadoras de interior incluyen un té vespertino en el **Pera Palace** (p. 125; foto arriba), una clase de cocina turca en **Cooking Alaturka** (p. 67) o un tratamiento placentero en uno de los magníficos **'hamams'** de la ciudad.

Prepararse

ANTES DE PARTIR

Tres meses antes
Si se viaja en primavera, otoño o Navidad conviene reservar hotel con la mayor antelación posible.

Dos meses antes
Las entradas para los grandes festivales y conciertos se agotan rápido. Hay que reservar, igual que las excursiones.

Una semana antes
Reservar restaurantes en línea siempre que sea posible o pedir al alojamiento que lo haga.

Costumbres

Al entrar en una vivienda, hay que descalzarse a menos que se indique lo contrario.

Hay que descalzarse siempre antes de entrar en una mezquita. Las mujeres deben cubrirse la cabeza con un pañuelo o chal.

Debe evitarse comer y beber en la calle durante el día en Ramadán, cuando los musulmanes ayunan.

Señalar a las personas con el dedo se considera de mala educación, al igual que sonarse la nariz en público.

Visados y pasaportes

Aunque los ciudadanos de algunos países no necesitan visado (entre ellos España, Estados Unidos), otros deben obtenerlo antes de entrar en Turquía. Consúltese la lista en mfa.gov.tr. Si se necesita visado, debe tramitarse electrónicamente en evisa.gov.tr antes de llegar.

El pasaporte debe tener al menos seis meses de validez, de lo contrario puede no ser admitido.

Conviene saber

Hospitalidad Se espera que quien invita a un bar, cafetería o restaurante pague la cuenta.
Postres Aunque se venda en la mayoría de las tiendas de dulces tradicionales, el *tavuk göğsü* es un pudín a base de pollo, leche y azúcar.
Seguridad del calzado Muchos viajeros llevan sus zapatos en una bolsa de plástico cuando visitan las mezquitas en lugar de dejarlos en la puerta, porque a veces los roban.

PROPINAS

Dejar propina es una excepción, no la regla.

10 %
Restaurantes (si el servicio no está incluido)

poco habitual
Bares, 'pubs', cafés y establecimientos informales

tú decides
Guías y conductores

1-2 €
Personal del hotel (por bulto para los botones)

PRESUPUESTO DIARIO

Económico Menos de 90 €

- Cama en albergue: **desde 18 €**
- *Döner wrap:* **5 €**
- Cerveza en un bar de barrio: **4 €**
- Trayecto en tranvía, autobús o ferri: **0,50 €**

Medio Entre 90-200 €

- Habitación doble: **desde 140 €**
- Almuerzo en un café: **12 €**
- Cena de kebab con vino: **35 €**
- Crucero en ferri por el Bósforo: **3,50 €**

Alto Más de 200 €

- Habitación doble: desde **250 €**
- Cena en restaurante *gourmet* con vino: **90 €**
- Cóctel en una azotea: **12 €**
- *Hamam:* **desde 50 €**

Moneda
Lira turca (TRY)

Idioma
Turco

Hora local
Hora de Europa oriental (GMT/UTC + 3 h).

BT1976/GETTY IMAGES ©

CONSEJO

La inflación galopante de los últimos años ha hecho que la lira sea sumamente volátil, por lo que divisas como el euro o el dólar son codiciadas. Pueden cambiarse en una *döviz bürosu* (oficina de cambio) a buen precio.

Cuándo ir

Estambul es un destino para todo el año. Los cazadores de gangas preferirán el verano o el invierno, cuando el alojamiento es más barat
La primavera y el otoño son las mejores épocas para visitar la ciudad, ya que el clima es agradable y los festivales se suceden. En verano hace calor y muchos lugareños pasan las vacaciones en la costa, por lo que algunos negocios (especialmente los clubes) cierran. En invierno, que puede ser muy frío, el mal tiempo puede provocar cancelaciones de ferris.

Ramazan y Ramazan Bayramı

Las fiestas y eventos religiosos islámicos se rigen por el calendario lunar musulmán de la Hégira, por lo que sus fechas cambian cada año. El evento más importante es el mes de Ramazan (Ramadán), cuando los musulmanes ayunan desde el amanecer hasta el anochecer y luego disfrutan del *iftar* (la comida que rompe el ayuno). Un festival de tres días llamado Ramazan Bayramı (Eid al-Fitr en otros países islámicos) celebra el fin del Ramadán.

Grandes eventos

Mayo y junio El evento cultural más importante de la ciudad, el **Festival de Música de Estambul** (muzik.iksv.org/en), incluye representaciones de ópera, conciertos de orquesta y recitales de cámara.

Julio El **Festival de Jazz de Estambul** (p. 130) reúne cada año durante dos semanas a músicos turcos e internacionales.

Mediados de septiembre-mediados de noviembre La **Bienal de Estambul** (bienal.iksv.org/en), referencia mundial para las artes visuales, se celebra en

Clima

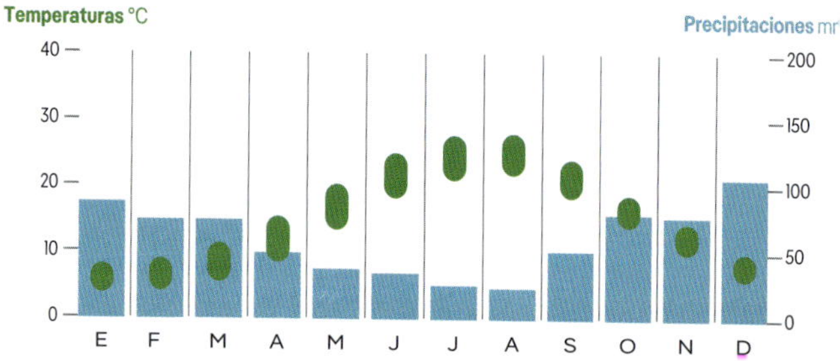

Festival del Tulipán de Estambul.

istintos puntos de la ciudad. Tras ancelarse en el 2024 por una controversia en torno a la selección de bras, volverá en el 2025 con nuevo irector y enfoque.

ventos al aire libre

bril El tulipán (lâle en turco) es no de los símbolos de la ciudad, ue lo celebra plantando más de 0 millones cada año que florecen urante el **Festival del Tulipán le Estambul** (p. 64).

Mayo El **Festival Chill-Out,** en el Garden Fiesta de Sarıyer, inaugura la temporada estival con un día que reúne a grandes músicos locales y mundiales.

Noviembre Considerada la única intercontinental del mundo, la **Maratón de Estambul** (maraton.istanbul) cuenta con recorridos de 15 y 42 km que cruzan el puente de los Mártires del 15 de Julio (Bósforo).

CONSEJOS SOBRE ALOJAMIENTO

El alojamiento es muy codiciado, en especial durante la temporada alta, de Semana Santa a junio y de septiembre a octubre. En Navidad y Año Nuevo también hay mucha demanda.

Cómo llegar

La mayoría de los visitantes llega a uno de los dos aeropuertos internacionales de la ciudad. El aeropuerto de Estambul está en el lado europeo y el Sabiha Gökçen, en el asiático.

Del aeropuerto al centro

Desde el aeropuerto de Estambul

Los autobuses regulares de Havaist van del aeropuerto a Taksim, en Beyoğlu, donde los pasajeros pueden tomar un funicular y un tranvía para ir a Sultanahmet. Otros autobuses van al muelle de ferris de Kadıköy (Kadıköy İskelesi), de donde salen ferris a Eminönü, Karaköy y Beşiktaş. El billete cuesta 204 TRY a Taksim y 223 TRY a Kadıköy. La duración del viaje varía, pero la media es de 90 min a Taksim y 2 h a Kadıköy.

La línea M11 de metro va del aeropuerto a Gayrettepe, donde se puede cambiar a la línea M2 que lleva a Taksim y Şişhane en Beyoğlu, Haliç, cerca de Eminönü, y Vezneciler en el barrio del Bazar. El viaje dura en torno a 1 h y los dos viajes cuestan 41 TRY.

Desde el aeropuerto internacional Sabiha Gökçen

Los autobuses de Havabüs conectan el aeropuerto con Taksim y Kadıköy İskelesi. El billete cuesta 121 TRY a Taksim y 91 TRY a Kadıköy. La duración del trayecto varía según el tráfico, pero la media es de 90 min a Taksim y 1 h a Kadıköy.

La línea M4 de metro va del aeropuerto a la estación de Ayrılık Çeşmesi, desde donde la línea Marmaray conecta con Sirkeci, cerca de Eminönü, y Sultanahmet. El viaje dura 1 h aprox. y los dos viajes cuestan 57 TRY.

Otros puntos de entrada

Desde la terminal de autobuses de Esenler

La línea M1 de metro va de esta terminal a Aksaray, desde donde se puede tomar la cercana línea de tranvía T1 que va a Sultanahmet, Eminönü y Beyoğlu.

Desde la terminal de autobuses de Alibeyköy Cep

La línea de tranvía T4 conecta con Eminönü.

Cómo desplazarse

:tambul es una ciudad extensa, con múltiples barrios y vías fluviales. ɔr suerte, cuenta con una excelente red de transporte público ɹe incluye tranvías, metro, ferris y autobuses. Los servicios son ecuentes y las tarifas, relativamente económicas: metro, tranvía, nicular y autobús son más baratos que el ferri o el Marmaray.

'anvía

ɔs tranvías y metros son gestionaɔs por Metro İstanbul. La mayoría e los visitantes toma en algún omento el tranvía T1 que conecta evizlibağ y Bağcılar, en el casco ıtiguo, con Kabataş en Beyoğlu. ay paradas Beyazıt-Gran Bazar, emberlitaş, Sultanahmet, Sirkeci Eminönü. La nueva línea T5 ɔnecta Eminönü con la estación e autobuses de Alibeyköy, con aradas en Fener, Balat, Ayvanıray, Feshane y el teleférico de yüpsultan. Los tranvías funcionan e 6.00 a medianoche aprox.

'erri

a forma más agradable de moverse por la ciudad. Estos barcos, que asan de Europa a Asia, surcan Cuerno de Oro y el Bósforo, llegan hasta las Adalar (islas Príncipe; 58 TRY ida y vuelta), son eficientes y populares. Algunos dependen de la empresa estatal İstanbul Şehir Hatları (sehirhatlari. istanbul); otros, de empresas privadas como Dentur Avrasya (denturavrasya.com). Los horarios están disponibles en línea y en los *iskeles* (muelles). Las rutas más populares suelen funcionar de 7.00 a 21.00 o 22.00.

ARRIBA: ALEXEY PEVNEV/SHUTTERSTOCK ©

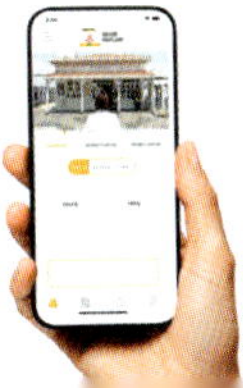

'APP' ESENCIAL

Es útil descargar la aplicación Şehir Hatları de rutas, horarios y precios de ferris. Puede configurarse en inglés.

Metro

El metro funciona desde las 6.00 hasta la medianoche. Algunas líneas lo hacen toda la noche los viernes y sábados. Hay dos líneas especialmente útiles para los visitantes. La primera es la M2, que conecta Yenikapı con Hacıosman, con cinco estaciones a lo largo del recorrido: Vezneciler, cerca del Gran Bazar; en el puente que cruza el Cuerno de Oro (Haliç); en Şişhane, cerca del túnel de Meydanı en Beyoğlu; en la plaza Taksim; y en Osmanbey, cerca de Nişantaşı. La segunda, la línea Marmaray, conecta los lados europeo y asiático de la ciudad, y va de Halkalı a Gebze, con parada en Sirkeci, cerca de Eminönü, en Üsküdar y en Ayrılık Çeşmesi, desde donde se puede hacer transbordo a la M4 que va a Kadıköy en una dirección y al aeropuerto Sabiha Gökçen en la otra.

Autobús

El sistema de autobuses, gestionado por İstanbul Elektrik Tramvay ve Tünel (İETT; iett.istanbul), es muy eficiente, aunque los atascos hacen que los trayectos puedan s largos. Las principales paradas se encuentran bajo la plaza Taksim y en Beşiktaş, Kabataş, Eminönü, Kadıköy y Üsküdar. La mayoría d las líneas funciona de 6.00 a 23.0 Las más útiles son las que recorre ambas orillas del Bósforo y el Cuerno de Oro, las de los distritos occidentales y las que van de Üsk dar a Kadıköy.

Funicular

Hay tres funiculares *(funıküleri)* y dos teleféricos *(teleferik)*. Todos son viajes cortos. Uno de los funiculares, el Tünel, va de Karaköy, en la base del puente de Gálata (Galata Köprüsü), al túnel de Meydanı, en un extremo de İstikla Caddesi. Funciona de 7.00 a 22.45. El otro va de Kabataş, al final de l línea de tranvía, a Taksim Meydar y funciona desde las 6.00 hasta medianoche.

Un teleférico circula entre la ribera de Eyüpsultan y el Café Pierr Loti en la cima de la colina de 8.0 a 23.00.

Información práctica

İstanbulkart

Para viajar en transporte público, se necesita una İstanbulkart. Estas tarjetas inteligentes recargables son fáciles de usar. Al entrar en un autobús o pasar por el torno de un muelle de, parada de tranvía o funicular, teleférico o estación de metro, hay que pasar la tarjeta y el precio se deduce automáticamente del saldo. Las tarjetas sirven para hasta cinco pasajeros por trayecto (una vez por persona y trayecto). Al comprar la tarjeta (70 TRY), ebe cargarse con crédito. El nporte máximo de recarga es de 00 TRY. Un cálculo aproximado es e 100 TRY por pasajero y día. Hay ue recordar que ni la tarjeta ni el rédito restante son reembolsables. uede comprarse una tarjeta *ano-im* (anónima) en las máquinas marillas *biletmatik* disponibles n aeropuertos, paradas de tranvía estaciones de metro y funicular. Iay que buscar máquinas que engan una pestaña en la pantalla ue diga "İstanbulkart-70TL". a İstanbulkart también se puede sar en los aseos públicos de a Autoridad Metropolitana e Estambul.

PRECIOS

Tranvía/metro/autobuses
17,70 TRY por trayecto

Ferri urbano
20-30 TRY por trayecto

Excursión larga por el Bósforo
480 TRY (i/v)

COLAS

Hacer cola para subir al transporte público es un principio más teórico que real. Hay que ser activo, pero sin excederse.

TAXIS

Si se opta por parar un taxi en la calle, hay que asegurarse de que el conductor utilice el taxímetro antes de subir. Algunos conductores se niegan a hacerlo y cobran a los turistas tarifas exorbitantes. Es mejor usar Uber: se viaja igual que en un taxi, pero la tarifa estará indicada al reservar el traslado.

DESPLAZARSE EN EL MARMARAY

Los trayectos en la línea de metro Marmaray, que une Asia y Europa a través de un túnel de 13,6 km bajo el Bósforo, pueden ser más caros (hasta 40 TRY por trayecto) que en otras líneas de metro. Esto se debe al enorme costo del proyecto (más de 7000 millones de euros) y las mayores distancias recorridas.

Otra cara de Estambul

Los lugareños son un buen ejemplo a seguir cuando se visita Estambul, ya que sus 16 millones de habitantes son expertos en hallar sorpresas.

Muelles de ferris

Tomar un ferri no es la única razón para ir a un *iskele* (muelle). En muchos hay *vapur kafes,* lugares económicos para tomar un café o té mientras se disfruta de las vistas del mar. El más céntrico, el İstanbul Kitapçısı Karaköy Şubesi, en la 1ª planta del **Karaköy İskelesi,** alberga una librería. Los muelles también son populares por sus puestos de comida, por ejemplo los de **'balık ekmek'** (bocadillo de pescado) (p. 86) cerca del *iskeles* de Eminönü.

Terrazas de mezquitas

Algunas de las mejores vistas de la ciudad se disfrutan desde las terrazas de las mezquitas. Las vistas desde lo alto de la parte trasera de la **mezquita de Süleymaniye** (p. 80) en el barrio del Bazar, la **mezquita de Yavuz Sultan Selim** (p. 106), en Çarşamba, en los barrios occidentales y la mezquita de Cihangir, en Beyoğlu, son espectaculares, pero las vistas al mar desde las escaleras y terrazas de la **Mezquita Nueva** (p. 88), en Eminönü; las **mezquitas de Bebek** (p. 145), **Ortaköy** (p. 157) y **Dolmabahçe** (p. 152), en el Bósforo; y la de **Şemsi Ahmed Paşa,** en Üsküdar, las superan con creces.

'Khavaltı'

El *khavaltı* (desayuno), una ocasión para que amigos y familias se reúnan los fines de semana, es un ritual muy valorado que los visitantes pueden emular. Los desayunos turcos son famosos por su cantidad y calidad, con delicias como pan crujiente y *simits* (roscos de pan con sésamo), *kaymak* (nata cuajada), *bal* (miel), mermeladas caseras, *gözleme* (tortas saladas), *börek* (pasteles salados), aceitunas, pepinos, tomates, queso y otras delicias. El *çay* es omnipresentes. Lugares populares para el *khavaltı* son **Van Kahvaltı Evi** (p. 136), **Cuma** (p. 135) y **Cafe Privato** (p. 136), en Beyoğlu; **Forno** (p. 109) y **Velvet Cafe** (p. 109) en Balat; **Mihmandar Pastahanesi & Restaurant** (p. 109), en Eyüpsultan; **Sade Kahve** (p. 161), en Rumelı Hisarı; y **Lokanta Feriye** (p. 161), en Ortaköy.

Estrecho del Bósforo y mezquita de Süleymaniye (p. 80).

Cafe Privato (p. 136).

Tumba de Turhan Hatice Sultan (p. 88)

Complejo Galataport (p. 126).

Tumbas

Las *türbes* (tumbas) abundan en los complejos de las grandes mezquitas edificadas por los sultanes otomanos, los miembros de la familia imperial o por poderosos cortesanos. Suelen ocupar un pequeño cementerio, con profusión de azulejos y otras artes decorativas y pueden ser visitadas por no musulmanes. No hay que dejar de buscarlas cuando se visite la **Mezquita Azul** (p. 58), y las de **Süleymaniye** (p. 80) y **Şehzade Mehmet** (p. 91), en el casco antiguo. La mayoría está junto a la propia mezquita, pero otras, como la **tumba de Turhan Hatice Sultan** (p. 88), vinculada a la Mezquita Nueva, pueden estar en calles cercanas. Otras tumbas importantes son estructuras independientes no asociadas a una mezquita en particular; hay muchas a lo largo de Divan Yolu, el bulevar que une Sultanahmet y el Gran Bazar, y también en Eyüpsultan.

Paseos a orillas del mar

Un paseo junto al mar, una de las actividades más populares los fines de semana, es una de las formas de ejercicio más accesibles y agradables de la ciudad. La İstanbul Büyükşehir Belediyesi (Autoridad Metropolitana de Estambul) ha reconvertido en parques y paseos tramos antes prohibidos. El paseo marítimo del **complejo Galataport** (p. 126) se inauguró en el 2021 y ofrece vistas fantásticas del Bósforo hasta el casco antiguo. En el 2024 se abrieron algunos tramos del puerto de Haliç, en Kasimpaşa, una restauración del histórico astillero del s. xv Haliç Tersanesi (Cuerno de Oro); las obras restantes se irán inaugurando por etapas en los próximos años. También en el Cuerno de Oro, se ha construido un paseo marítimo cerca del **puente del Metro de Haliç** (p. 129) y gran parte de la costa occidental está ahora bordeada de parques.

Los paseos más populares son los de Moda; entre el *iskele* y Salacak en Üsküdar; y a lo largo del alto Bósforo en la costa europea.

FUERA DE RUTA

- Ir a los puestos de comida callejera de Kılıççılar Sokak, junto al Gran Bazar (p. 74), para probar el *kokoreç,* popular aperitivo a base de intestinos de cordero a la parrilla rellenos de mollejas.
- Ver reliquias religiosas, como el cráneo de san Juan Bautista, en las Salas Sagradas del Tesoro del palacio de Topkapi (p. 46).
- Reflexionar ante una instalación con 4213 colillas en el Museo de la Inocencia (p. 118).
- Reírse con el vídeo Road to Tate Modern de Şener Özmen y Erkan Özmen, una ingeniosa versión del *Quijote,* en el İstanbul Modern (p. 114).
- Visitar una mansión del Bósforo, al parecer embrujada, en Borusan Contemporary (p. 158).

Explora Estambul

Merece la pena

Circuitos a pie

Santa Sofía (p. 52) y la Mezquita Azul (p. 58).
NICK N A/SHUTTERSTOCK ©

Sugerencias de lugares para comer y comprar en **p. 69**

Explora Sultanahmet y Sirkeci

Muchos visitantes no llegan a salir de Sultanahmet, y aunque es una pena, no sorprende. Es el corazón de Bizancio y Constantinopla, donde emperadores y sultanes construyeron monumentos, donde los funcionarios de la corte vivieron y conspiraron y donde los conquistadores celebraron sus victorias. Hoy, hordas de turistas se congregan alrededor de la plaza Sultanahmet, y sus únicas batallas son las colas para entrar en Santa Sofía y el palacio de Topkapı.

Sirkeci, a un paseo hacia el Cuerno de Oro, tiene un ambiente muy diferente, pero también histórico. Es un barrio animado donde los vecinos compran y hacen negocios, y un destino popular para comer, sobre todo por los restaurantes baratos que rodean la emblemática Sirkeci Gar, la estación de tren.

Cómo desplazarse

Tranvía

Para llegar a Sultanahmet desde Beyoğlu, hay que cruzar el puente de Gálata o tomar el tranvía Kabataş-Bağcılar/Cevizlibağ hasta la parada de Sultanahmet en Divan Yolu. También para en la estación de tren de Sirkeci y en Gülhane, cerca del parque homónimo.

Metro

La línea Marmaray, que conecta Europa y Asia, para en Sirkeci. Las bocas de metro están al sur del edificio histórico de la estación y en Ebussuud Caddesi, en Hocapaşa.

Hipódromo (p. 55).
BILAL KOCABAS/SHUTTERSTOCK ©

★

LO MEJOR

Admirar el **EDIFICIO BIZANTINO** de Santa Sofía (p. 52).

Contemplar la majestuosidad de la **MEZQUITA AZUL** (p. 58).

Sumergirse en la historia del **PALACIO** de Topkapı (p. 46).

Adentrarse en las profundidades de la **CISTERNA** Basílica (p. 60).

Curiosear la **ZONA COMERCIAL** del bazar Arasta (p. 59).

A
B
C
D
E
F
1
2
3
4
0
200 m
Sirkeci
Hamidiye Cad
Büyük Postane Cad
Ankara Cad
Muradiye Cad
İstasyon Arkası Sk
Aşir Efendi Cad
Güvenç Konyalı
14
9
Centro cultural Hodjapasha
19
Şehzade Cağ Kebabı
10
11
12
Hocapaşa Pidecisi
13
Kasap Osman
Bitlisli
Hanimeli Sk
Köprücü Sk
HOBYAR
Darüssade Sk
Nöbethane Cad
Taya Hatun Sk
Hocapaşa Sk
Hüdavendigar Cad
İbn-i Kemal Cad
Ebussuud Cad
Erdoğan Sk
Hoca Hani Sk
Cemal Nadir Sk
Cağaloğlu Yokuşu
Sultan Mektep Sk
CAĞALOĞLU
Gülhane
Beltur Kandil Kafe
Parque Gülhane
2
Palacio de Topkapı
1
Museo Arqueológico de Estambul
Celal Ferdi Gökçay Sk
Türkocağı Cad
Ankara Cad
Hükümet Konağı Sk
Sublime Puerta
6
Alemdar Cad
Alay Köşkü
5
Tasvir Sk
Cağaloğlu Hamamı
16
Şeref Efendi Sk
NURUOSMANİYE
Cağaloğlu Meydanı
Nuruosmaniye Cad
Prof Kazım İsmail Gürkan Cad
Tassavak Sk
Alayköşkü Cad
Zeynep Sultan Camii Sk
Salkım Söğüt Sk
Palacio de Topkapı patio de los Jenízaros (primer patio)
Aya İrini
Matbah
8
Soğukçeşme Sokak
4
Türbedar Sk
Bab-ı Ali Cad
Molla Feneri Sk
Yerebatan Cad

ÇEMBERLITAŞ
Divan Yolu Cad
Ticarethane Sk
Hafız Mustafa
Cisterna Basílica
Santa Sofía
Sultanahmet
Boyacı Ahmet Sk
Piyer Loti Cad
Cisterna de Binbirdirek
Klodfarer Cad
İmran Öktem Cad
BİNBİRDİREK
Fuente del Káiser Guillermo
Parque de Sultanahmet
Babıhümayun Cad
İshakpaşa Cad
Ayasofya Hürrem Sultan Hamamı
Süreyya Teras Lounge
Cisterna de Şerefiye
Museo de Arte Turco e Islámico
Atmeydanı Cad
Tumba del sultán Ahmed I
Derviş Cafe & Restaurant
Kabasakal Cad
Tevkifhane Sk
Adliye Sk
Göktaş Sk
Peykhane Cad
Terzihane Sk
Hipódromo
İstanbul Kahvehanesi
Utangaç Sk
Kutlugün Sk
Obelisco de Teodosio
Babayani Sk
Columna Serpentina
Obelisco de Constantino
Mezquita Azul
Dalbastı Sk
Akbıyık Cad
CANKURTARAN
Dizdariye Çeşmesi Sk
Şehit Mehmet Paşa Yokuşu
Üçler Sk
Bazar Arasta
Mimar Mehmet Ağa Cad
Bayram Fırını Sk
Estrecho del Bósforo
Tavukhane Sk
Torun Sk
Cooking Alaturka
Amiral Tafdil Sk
Kennedy Cad (Sahil Yolu)
Nakilbent Sk
Şifa Hamamı Sk
Esfendón
Mehmet Çetinkaya Gallery
Cankurtaran Cad
Ahırkapı Sk
Küçük Ayasofya Camii Sk
Kasap Osman Sk
Kaleci Sk
Küçük Ayasofya Cad
Kapıağası Sk
Yeğen Sk
Oğul Sk
Akbıyık Değirmeni Sk
Keresteci Hakkı Sk
KÜÇÜK AYASOFYA
Akburçak Sk
Aksakal Cad
Mustafa Paşa Sk
Çayıroğlu Sk
Oyuncu Sk
Pequeña Santa Sofía
Mar de Mármara
Más información
Imprescindible p. 46
Experiencias p. 64
Comer p. 69
Comprar p. 69

★ IMPRESCINDIBLE

Palacio de Topkapı

Sultanes libidinosos, cortesanos ambiciosos, hermosas concubinas y eunucos intrigantes vivieron y trabajaron en este complejo otomano entre los ss. XV y XIX. Visitar sus opulentos pabellones, su tesoro repleto de joyas, su extenso harén, sus dormitorios y sus enormes cocinas ofrece una fascinante visión de sus privilegiadas pero aisladas vidas.

PLANO: P. 44 **F3**

CONSEJO
El precio de la entrada incluye una audioguía disponible descargando el código QR facilitado o en los dispositivos disponibles en la cabina de audio (se necesita un documento de identidad).

Escanea este código QR para más información sobre horarios y precio.

Primer patio

Antes de entrar por la **puerta Imperial** de Topkapı, hay que fijarse en la ornamentada estructura de la plaza adoquinada. Se trata de la **fuente del sultán Ahmed III,** de estilo rococó, de 1728. Al pasar la puerta se entra en el primer patio. A su izquierda está la iglesia bizantina de Santa Irene, conocida en turco como **Aya İrini.**

Segundo patio

La **puerta Media** (Ortakapı o Bab-üs Selâm) conduce al segundo patio, similar a un parque. Las grandes **cocinas palaciegas** están a la derecha (este) al entrar.

En el lado izquierdo (oeste) del segundo patio se halla la ornamentada **cámara del Consejo Imperial** (Dîvân-ı Hümâyûn), donde se discutían los asuntos de Estado y el sultán a veces escuchaba a escondidas a través de la reja dorada en lo alto de la pared.

Harén

La entrada al harén, donde vivía la familia imperial, está en el lado occidental del segundo patio. Las primeras de las 300 habitaciones de este complejo se construyeron durante el reinado de Murad III, de 1574 a 1595.

NEKOMURA/SHUTTERSTOCK ©

La visita comienza en el **dormitorio del Cuerpo de Alabarderos,** una estructura de dos plantas con magníficos azulejos de İznik de los ss. XVI y XVII. Continúa a través de un patio y pasa por una sala de espera acristalada, una cafetería de verano, una mezquita, una sala de música y un *hamam* utilizado por los eunucos del palacio antes de llegar a la **cúpula con Armarios,** donde se guardaban los registros financieros. Más allá está el **salón con la Fuente,** con finos azulejos de Kütahya del s. XVII. Junto a esta sala se encuentra la **mezquita de los Eunucos Negros,** con representaciones del monte Arafat, La Meca y Medina en sus azulejos del s. XVII.

A continuación se halla el **patio de los Eunucos Negros,** también con azulejos de Kütahya. Detrás de la columnata de mármol de la izquierda están los dormitorios de los Eunucos Negros.

UNA PAUSA

Hay un sencillo quiosco cerca de las cocinas del palacio, pero es preferible el Beltur Kandil Kafe, en el parque Gülhane, al que se accede bajando desde el primer patio.

ARQUITECTURA DE PABELLONES
Topkapı es una serie de pabellones, cocinas, barracones, salas de audiencias y dormitorios construidos alrededor de un recinto central.

Aquí vivían hasta 200 eunucos, que guardaban las puertas y servían a las mujeres del harén. Al otro lado del patio hay una sala de guardia con frescos de árboles frutales. Desde aquí, un pasillo conduce a la izquierda a un patio rodeado de baños, una fuente, un lavadero, dormitorios y apartamentos privados.

Frente al patio hay una sala decorada con una chimenea de azulejos, seguida de los apartamentos de la *valide sultan* (madre del sultán). Destaca el **salón de la Valide Sultan,** con hermosos murales del s. XIX de vistas bucólicas de Estambul. El **'hamam' de la Valide Sultan** está justo después. A continuación, una espléndida sala de recepción conduce a una antecámara cubierta

ERMAN GUNES/SHUTTERSTOCK ©

le azulejos de Kütahya e İznik del s. XVII, donde os príncipes, la *valide sultan* y las principales concubinas esperaban antes de entrar en el hermoso **salón Imperial** (foto p. 47) para una audiencia con el sultán.

Cerca está la **cámara privada de Murad III,** una de las habitaciones más suntuosas del palacio. Su fuente de mármol restaurada con tres niveles reproduce el sonido del agua en cascada y dificultaba que las conversaciones del sultán pudieran ser escuchadas a escondidas. Desde aquí se accede a la **cámara privada de Ahmed III** y al **comedor** contiguo, construido en 1705. En el lado opuesto de esta cámara están dos de las habitaciones más hermosas del harén: los **pabellones Gemelos/apartamentos del Príncipe Heredero.**

Más allá de estas salas se encuentra el **patio de las Favoritas,** la **mezquita del Harén** y un pasadizo que conduce a la salida.

Tercer patio

El tercer patio era el dominio privado del sultán, atendido y vigilado por eunucos blancos. En su interior se encuentra la **sala de Audiencias,** del s. XVI. A este pequeño pabellón acudían importantes funcionarios y embajadores extranjeros para tratar asuntos de Estado. El sultán, sentado en un enorme diván, examinaba las ofrendas de los embajadores a medida que pasaban por la puerta de la izquierda. Justo detrás de la sala se encuentra la hermosa **biblioteca de Ahmed III,** construida en 1719.

Situado en el extremo oriental del tercer patio, el **Tesoro Imperial** de Topkapı alberga una increíble colección de objetos hechos o decorados con metales preciosos y joyas (foto izda.). El edificio fue construido entre 1462 y 1463 durante el reinado de Mehmed el Conquistador y se utilizó originalmente como sala de recepción.

LA CONCUBINA DEL SULTÁN

El islam prohibía esclavizar a los musulmanes, por lo que las concubinas del harén de Topkapı eran extranjeras o infieles. La más famosa fue Haseki Hürrem (también llamada Roxelana), secuestrada en Rutenia (hoy Ucrania), llevada a Constantinopla y vendida al palacio como esclava. Increíblemente, se convirtió en esposa consorte de Solimán el Magnífico y madre de Selim II.

PIEZAS DESTACADAS DEL TESORO

La pieza más famosa del Tesoro Imperial es el diamante Kasıkçı ("del cucharero"), una piedra de 86 quilates con forma de lágrima. Según la leyenda, fue encontrado en un vertedero y comprado por un astuto vendedor ambulante a cambio de tres cucharas antes de que la adquiriera un gran visir en nombre del sultán. Otras piezas notables incluyen la daga Topkapı con incrustaciones de esmeraldas, objeto del robo de la película Topkapı de Jules Dassin de 1964.

También en el extremo oriental del tercer patio se encuentra el **dormitorio de los Pajes Exploradores,** construido durante el reinado de Mehmed II y convertido en dormitorio por Ahmed III en 1719. Los pajes exploradores eran los sirvientes que preparaban las prendas que los sultanes debían usar durante las batallas. Ahora alberga la maravillosa colección de túnicas imperiales, caftanes, uniformes y camisas del palacio.

Al otro lado del patio se encuentran las **salas de las Reliquias Sagradas,** suntuosamente decoradas con azulejos de İznik, que albergan muchas reliquias religiosas importantes.

Cuarto patio

Los pabellones de recreo ocupan el cuarto patio del palacio, como el **pabellón Mecidiye,** encargado por Abdul Mecit, cuyo reinado duró de 1839 a 1861. En esta terraza también se encuentra el pabellón de Mustafa Pasha, a veces llamado **Sofa Köşkü.**

Subiendo las escaleras al final del jardín está la **terraza de Mármol,** una plataforma con un estanque decorativo, tres pabellones y la extravagante **İftariye Kameriyesi,** una pequeña estructura encargada por İbrahim I en 1640 como lugar para romper el ayuno del Ramadán.

Murad IV construyó el **pabellón de Revan** en 1636 tras recuperar la ciudad de Ereván (hoy en Armenia) en Persia. En 1639 construyó el **pabellón de Bagdad,** uno de los últimos ejemplos de arquitectura palaciega clásica, para conmemorar su victoria sobre esa ciudad. La pequeña **sala de la Circuncisión** (Sünnet Odası) fue construida por İbrahim I en 1640 y sus paredes exteriores están adornadas con hermosos azulejos.

Palacio de Topkapı

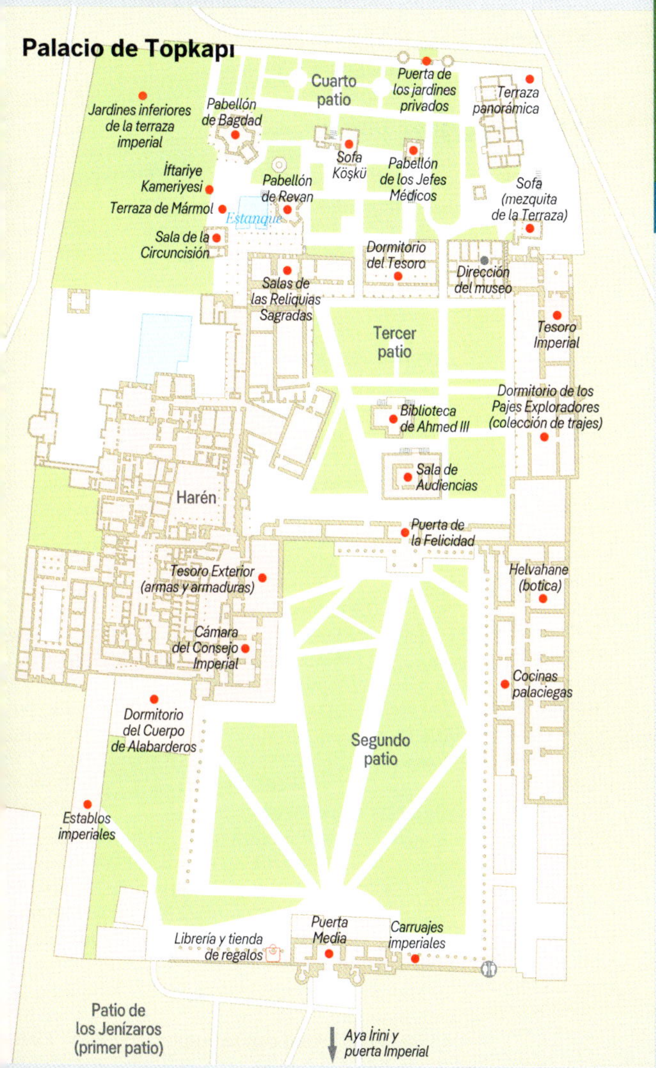

★ IMPRESCINDIBLE

Santa Sofía

Hay muchos monumentos importantes en Estambul, pero esta venerable estructura, obra de Justiniano el Grande, consagrada como iglesia en 537 y reconvertida en mezquita por Mehmed el Conquistador en 1453, supera a todos por su innovadora forma, su rica historia y su sublime belleza.

PLANO: P. 44 **D5**

CONSEJO
Las mujeres deben llevar pañuelo en la cabeza. Se puede acceder a comentarios gratuitos en varios idiomas en teléfonos móviles y tabletas mediante una aplicación con código QR (se precisan auriculares).

Escanea este código QR para más información sobre horarios y precios.

Restricciones a los visitantes

A principios del 2024 se introdujeron limitaciones en la visita a Santa Sofía por las cuales solo los turcos y los extranjeros musulmanes pueden entrar en el nártex interior y a la nave. El resto de los visitantes solo puede acceder a las galerías del piso superior y los mayores de ocho años deben pagar una onerosa entrada. La taquilla para los no musulmanes está en la parte trasera, frente a la fuente del Sultán Ahmed III; la entrada, en la esquina noreste del edificio.

Las galerías del piso superior no son accesibles para los visitantes con problemas de movilidad. Además, las "entradas sin colas" incluyen una entrada obligatoria a la costosa exhibición en 3D del Museo de Historia y Experiencia de Santa Sofía en el Hipódromo.

Galerías superiores

Se accede a las galerías a través de una rampa en zigzag, y la visita sigue un circuito de un solo sentido. En la galería sur se encuentran los restos de una magnífica **Déesis** (Juicio Final). Este mosaico del s. XIII representa a Cristo con la Virgen María a su izquierda y san Juan Bautista a su derecha.

Más adelante, en el extremo oriental (ábside) de la galería, hay un mosaico del s. XI que representa a **Cristo en el trono con la emperatriz Zoe y Cons**

NEJDET DUZEN/SHUTTERSTOCK ©

tantino IX Monómaco. Cuando se comenzó, Zoe (cuyo reinado duró de 1028 a 1050) tenía 50 años y estaba recién casada (por primera vez) con el anciano Romano III Argyros. Tras la muerte de Romano en 1034, la emperatriz hizo que eliminaran su rostro del mosaico y lo reemplazaran por el de su nuevo y viril esposo y consorte, Miguel IV. Ocho años después, Miguel murió y Zoe, a los 64 años, se casó con el senador Constantino IX Monómaco (1042-1055), cuyo retrato se añadió y se mantiene al sobrevivir a la emperatriz.

A la derecha de Zoe y Constantino hay un mosaico del s. XII que representa a la **Virgen María, el emperador Juan II Comneno y a la emperatriz Irene.** El emperador, conocido como Juan el Bueno, está a la izquierda de la Virgen y la emperatriz, conocida por sus obras de caridad, a su derecha; ambos están dando limosna a santa Sofía. Su hijo Alexios está representado junto a

UNA PAUSA
Ubicado en la remodelada madraza Cedid Mehmed Efendi (ahora Centro de Artesanía de Estambul), İstanbul Kahvehanesi tiene un patio tranquilo y un salón lleno de libros donde los huéspedes pueden disfrutar de un *çay* o un café.

Irene; murió poco después de que se hiciera este retrato.

Cúpula

Al mirar hacia arriba se ven tres mosaicos en la base del tímpano norte (semicírculo) debajo de la cúpula. Son retratos del s. IX de **san Ignacio el Joven, san Juan Crisóstomo y san Ignacio Teodoro de Antioquía.** Las pechinas (segmentos triangulares cóncavos bajo de la cúpula) están adornadas con mosaicos y pinturas de **serafines.**

Vista de la nave

Lamentablemente, muchos elementos originales de la nave han sido cubiertos por biombos o quedan ocultos desde las galerías. Lo que se puede ver incluye añadidos otomanos al edificio, como un *mimbar* (púlpito) y un *mihrab* (nicho de oración orientado a La Meca) y grandes medallones del s. XIX con inscripciones en letras árabes doradas.

Salida del edificio

Para salir de las galerías hay que subir unas escaleras que terminan en el vestíbulo suroeste del edificio. Se sale por la llamada **puerta Hermosa,** una magnífica puerta de bronce del s. II a.C.

Al llegar a la puerta, hay que mirar atrás para admirar el mosaico del s. X de **Constantino el Grande, la Virgen María y el emperador Justiniano** en la luneta de la puerta interior. Constantino (dcha.) ofrece a la Virgen, que sostiene al Niño Jesús, la ciudad de Estambul; Justiniano (izda.) le ofrece Santa Sofía.

Al llegar a la puerta, hay que mirar atrás para admirar el mosaico del s. X de **Constantino el Grande, la Virgen María y el emperador Justiniano** en la luneta de la puerta interior. Constantino (dcha.) ofrece a la Virgen, que sostiene al Niño Jesús, la ciudad de Estambul; Justiniano (izda.) le ofrece Santa Sofía.

HUELLAS DEL PASADO

En la galería sur del piso superior se pueden encontrar dos elementos inusuales. En la balaustrada, hay un grafiti que se atribuye a un mercenario vikingo del s. IX que sirvió en el ejército bizantino. Cerca, frente a la Déesis, está la tumba de Enrico Dandolo, un dux veneciano ciego que dirigió el saqueo de Constantinopla durante la Cuarta Cruzada (1202-1204).

★ IMPRESCINDIBLE

Hipódromo

Nada agradaba más a los emperadores bizantinos que las carreras e carros, y la arena rectangular del lado occidental de la Mezquita Azul era su recinto preferido. Conocida como el Hipódromo, la arena riginalmente constaba de dos niveles de galerías, una columna entral y palcos de salida.

PLANO: P. 44 **B6**

Historia

El Hipódromo fue el centro de la vida bizantina urante 1000 años y de la vida otomana durante tros 400, y ha sido escenario de innumerables dra-nas políticos. En época bizantina, competían los quipos rivales de los Verdes y los Azules. Apoyar un equipo era como militar en un partido políti-o, y la victoria tenía importantes consecuencias. En ocasiones, Verdes y Azules unían sus fuerzas ontra el emperador, como en el año 532, cuando na carrera de carros se vio perturbada por las protestas contra los altos impuestos establecidos por Justiniano. Esto desembocó en los disturbios de Nika, en los que las fuerzas imperiales masa-raron a decenas de miles de manifestantes en el Hipódromo. No es de extrañar que las carreras se prohibieran durante algún tiempo.

Los sultanes otomanos también vigilaban las actividades en el Hipódromo. Si las cosas iban mal, a multitud podía iniciar un disturbio, un motín o una revolución. En 1826, el reformista Mahmud II ordenó aquí la matanza del corrupto cuerpo de je-ízaros, la guardia personal del sultán. En 1909, los disturbios provocaron la caída de Abdul Hamid II.

A pesar de todo ello, los emperadores y sultanes rataron de superarse unos a otros para embellecer el Hipódromo y adornaron el centro con estatuas procedentes de los confines del imperio.

CONSEJO

El Museo de Historia y Experiencia de Santa Sofía, de gestión privada, en el extremo occidental del Hipódromo, tiene pocos objetos. Su único atractivo es una presentación inmersiva en 3D.

Escanea este código QR para más información sobre el Museo de Arte Turco e Islámico.

HALIT SADIK/SHUTTERSTOCK ©

UNA PAUSA
La excelente cafetería situada en el patio interior del Museo de Arte Turco e Islámico tiene un agradable patio.

Características del Hipódromo

El pequeño mirador del extremo norte del Hipódromo, que el emperador alemán Guillermo II regaló al sultán Abdul Hamid II en 1901, se conoce como **fuente del Káiser Guillermo.** Otros monumentos son el **obelisco de Teodosio,** de granito rosa (foto arriba) en el centro, traído desde Karnak (Egipto), por Teodosio el Grande. El podio de mármol bajo del obelisco presenta relieves de Teodosio, su esposa, sus hijos, funcionarios y guardaespaldas observando la carrera de carros desde el *kathisma* (palco imperial).

Al sur del obelisco hay una extraña columna ue surge de un agujero en el suelo. Conocida omo **columna Serpentina,** se encontraba frente l templo de Apolo en Delfos (Grecia) desde el 78 a.C. hasta que Constantino el Grande la mandó evar a su nueva capital alrededor del 330.

Después de saquear Santa Sofía en 1204, los oldados de la Cuarta Cruzada arrancaron todas as placas del **obelisco de Piedra Tosca,** en el xtremo sur del Hipódromo, creyendo que eran e oro (en realidad, eran de bronce dorado).

luseo de Arte Turco e Islámico

ituado en el extremo occidental del Hipódromo, ste museo está ubicado en un palacio otomano onstruido en 1524 para İbrahim Paşa, gran visir e Solimán el Magnífico. Su pequeña pero selecta olección incluye una serie estelar de alfombras ntiguas. Es una buena introducción a la historia e este arte. Interesantes paneles interpretativos pantallas explican que ciertos tipos de alfombras e conocen por los nombres de los pintores que as retrataron en sus obras (Holbein, Lotto, Crivelli, Iemling, Bellini) y otras por su lugar de origen Uşhak, Konya y Bergama). Se dice que el arte lcanzó su apogeo en el s. XVI, y varios ejemplos le Uşhak y Konya de este período lo prueban.

EL ESFENDÓN

En el extremo sur del Hipódromo se encontraba la estructura semicircular del Esfendón, de la que aún se conservan restos. Las galerías para espectadores que coronaban esta estructura de piedra resultaron dañadas durante la Cuarta Cruzada y fueron totalmente desmanteladas en el período otomano; muchas de las columnas originales se utilizaron en la construcción de la mezquita de Süleymaniye.

★ IMPRESCINDIBLE

Mezquita Azul

El edificio más fotogénico de Estambul, oficialmente llamado Sultanahmet Camii (mezquita de Sultanahmet), tiene un exterior maravillosamente curvilíneo con una cascada de cúpulas y seis esbeltos minaretes. Los azulejos de İznik que adornan el interior le dan su nombre popular.

PLANO: P. 44 **C7**

CONSEJO
Las mujeres deben llevar un pañuelo en la cabeza; a aquellas que se considere que llevan poca ropa se les presta una bata.

Escanea este código QR para más información, incluidas horas de visita.

La mezquita

Todo en este edificio es monumental. Sus curvas son voluptuosas, su patio es el más grande de todas las mezquitas otomanas y, cuando se construyó, tenía más minaretes que cualquier otra de Estambul, un récord solo recientemente igualado por la colosal nueva mezquita Çamlıca en la parte asiática de la ciudad. El interior tiene una escala igualmente grandiosa: el espacio central de oración es enorme y luce más de 21 000 azulejos de İznik y 260 ventanas. El *mihrab* contiene un trozo de la sagrada Piedra Negra de la Kaaba en La Meca.

Es mejor acceder a través del Hipódromo y no desde el parque de Sultanahmet. Una vez en el patio, del mismo tamaño que el interior de la mezquita, se aprecian las proporciones perfectas del edificio. La mezquita está cerrada para los no fieles durante unos 30 min en los momentos de oración diarios (2 h antes del amanecer, al amanecer, al mediodía, a media tarde, al atardecer y justo antes de la última luz del día) y también para su limpieza los viernes por la mañana. Las oraciones del mediodía del viernes son más largas, pues se acompañan del sermón semanal.

DOTMILLER1986/SHUTTERSTOCK ©

'umba del Sultán Ahmed

.a mezquita fue el gran proyecto del sultán .hmed I, cuyo reinado duró de 1603 a 1617. Ahmed, ue había ascendido al trono a los 13 años, murió . los 27, un año después de que se completara la nezquita. Su **tumba** está en el lado norte, frente al •arque de Sultanahmet. Junto a él están enterrados u esposa, Kösem, y sus hijos, el sultán Osman II 1618-1622), el sultán Murad IV (1623-1640) y el •ríncipe Beyazıt.

\rasta

:onstruida como parte del *külliye* (complejo de a mezquita), la hilera de tiendas conocida como **•azar Arasta** ahora alberga un *çay bahçesi* (jardín le té) y tiendas con buenos productos textiles.

UNA PAUSA

Con su magnífica vista de la mezquita y sus mesas a la sombra, el Derviş Café & Restaurant, al aire libre, es ideal para disfrutar de un *çay* o un café.

★ IMPRESCINDIBLE

Cisterna Basílica

Los romanos llevaron a Bizancio, con su estilo inimitable, una impresionante variedad de infraestructuras relacionadas con el agua, incluidos enormes acueductos y cisternas para almacenar agua. Construidas por orden de los emperadores Teodosio I y Justiniano, son verdaderas hazañas técnicas y visualmente magníficas.

PLANO: P. 44 **C5**

CONSEJO
La Cisterna Basílica es una de las atracciones turísticas más populares de la ciudad: hay que hacer cola para entrar.

Escanea este código QR para más información sobre la Cisterna Basílica.

Redescubierta en 1545

La cisterna bizantina más grande que se conserva en Estambul, la **Cisterna Basílica** (llamada por los turcos Yerebatan Sarnıçı, "palacio sumergido"), fue construida por orden del emperador Justiniano en 532. Cuenta con 336 columnas, muchas rescatadas de templos en ruinas y con capiteles finamente tallados. Su simetría y grandeza impresionan, y sus profundidades cavernosas y frescas son un gran refugio para los días de verano.

La cisterna tiene una historia inusual. Su nombre se debe a que estaba debajo de la Stoa de la Basílica, la gran plaza donde se alzaba el capitolio de Constantinopla. Cerrada y olvidada en algún momento antes de la conquista otomana, fue redescubierta en 1545, cuando el erudito Petrus Gyllius investigaba antigüedades bizantinas y los lugareños le dijeron que sacaban agua con baldes de un sitio oscuro situado bajo sus sótanos. Algunos incluso pescaban. Intrigado, Gyllius exploró el vecindario y accedió a la cisterna a través de uno de los sótanos. Incluso después de su descubrimiento, los turcos no le dieron importancia y convirtieron el lugar en vertedero de basura e incluso de cadáveres.

La cisterna no fue limpiada, renovada y abierta al público hasta 1987. Una segunda restauración agregó pasarelas e iluminación ambiental.

STEVE BARZE/SHUTTERSTOCK ©

tras cisternas

n Sultanahmet y sus alrededores hay otras isternas bizantinas. La **cisterna de Şerefiye** serefiyesarnici.istanbul), descubierta en el 2010 uando se demolió un edificio municipal anodino e la década de 1950 cerca del Hipódromo, se construyó durante el reinado de Teodosio I (379-395). iene un techo abovedado de ladrillo y 32 enormes olumnas de mármol (desafortunadamente estropeadas por modernos tirantes de metal).

Otros aljibes restaurados son la gran cisterna e Filoxeno (también conocida como **cisterna de inbirdirek**), construida durante el reinado e Justiniano.

UNA PAUSA
Cerca de la Cisterna Basílica, Hafız Mustafa en Divan Yolu es una parada práctica para tomar algo caliente con un dulce.

CIRCUITO A PIE

Arte y arquitectura en Sultanahmet

Por todas partes hay rastros de los antiguos imperios bizantino y otomano, desde restos de un palacio bizantino hasta iglesias (reconvertidas) y mezquitas. Este paseo incluye importantes edificios, pasa por una arena donde corrían carros y termina en una galería que ha tentado a los compradores durante siglos

INICIO	FINAL	DURACIÓN
Fuente del Sultán Ahmed III	Bazar Arasta	2,3 km; 2 h

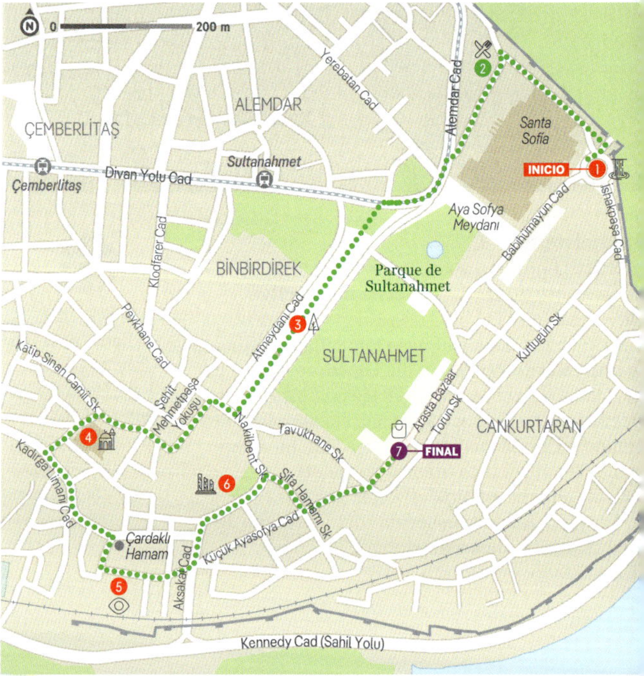

1 Quiosco rococó

El paseo comienza en la **fuente del Sultán Ahmed III,** frente a la puerta principal del palacio de Topkapı. Magnífico ejemplo de arquitectura rococó turca, fue construida en 1728 y antiguamente servía agua fría o *şerbet* (bebida dulce de frutas) a los sedientos viajeros otomanos.

2 Tesoro oculto

Hay que girar a la izquierda por la adoquinada Soğukçeşme Sokak y de nuevo a la izquierda por Caferiye Sokak para visitar el **Caferağa Medresesi,** un pequeño y encantador edificio a la sombra de Santa Sofía. Diseñado por el arquitecto otomano Mimar Sinan por orden de Cafer Ağa, el jefe de los eunucos negros de Solimán el Magnífico, fue construido en 1560 y ahora alberga una organización cultural y un *çay bahçesi* (jardín de té).

3 Hito histórico

De regreso a Caferiye Sokak, se sigue hasta la transitada Alemdar Caddesi y luego a lo largo del parque de Sultanhamet hasta el **Hipódromo,** donde carros de caballos competían en época bizantina.

4 Triunfo del arte del azulejo

Se baja por Şehit Mehmetpaşa Yokuşu y se sigue por Katip Sinan Camii Sokak para llegar a la **mezquita de Sokullu Şehit Mehmet Paşa.** También diseñada por Sinan, fue un encargo de Esmahan, hija del sultán Selim II, y se construyó en 1571. Las paredes y el interior están decorados con espectaculares azulejos rojos y azules de İznik, entre los mejores que se han hecho jamás.

5 La pequeña iglesia de Justiniano y Teodora

Se gira a la izquierda hacia Şehit Mehmetpaşa Sokak hasta el barrio residencial de Küçük Ayasofya, se gira a la izquierda en Kadırga Limanı Caddesi y se sigue hasta el destartalado Çardaklı Hamam, de 1503. A la derecha se llega a la **Pequeña Santa Sofía,** uno de los edificios bizantinos más hermosos de la ciudad.

6 Huellas históricas

Hacia el este por Küçük Ayasofya Caddesi, se sube a la izquierda en Aksakal Caddesi. En la cima está el **Esfendón,** único vestigio del estadio original del sur del Hipódromo.

7 Galería comercial otomana

Toca seguir por Nakilbent Sokak y luego a la derecha, bajar por Şifa Hamamı Sokak, girar a la izquierda por Küçük Ayasofya Caddesi y continuar recto para visitar el **bazar Arasta,** la principal zona comercial de Sultanahmet.

EXPERIENCIAS

Admirar estatuas y sarcófagos antiguos
MUSEO

PLANO: 1 P. 44 **E3**

El complejo del **Museo Arqueológico de Estambul,** que consta de tres edificios situados junto al palacio de Topkapı, estaba siendo objeto de una profunda renovación en el momento de redactar esta guía, y solo el edificio principal estaba abierto. Muestra una extensa colección de sarcófagos en la planta baja (a la izda.). Los más notables son los de la necrópolis real de Sidón. No hay que perderse el extraordinario sarcófago de Alejandro y el de las Plañideras, ambos del s. IV a.C.

El ala sur alberga exquisitas estatuas helenísticas y romanas en la planta baja. Las exposiciones del piso superior incluyen la sala de Troya, con una presentación audiovisual sobre el descubrimiento y limpieza del yacimiento. En el ala norte está la sala del Tesoro.

Cuando reabra, el Museo del Antiguo Oriente seguramente exhibirá su mayor tesoro, una serie de paneles de ladrillo vidriado azul y amarillo que bordeaban la vía procesional y la Puerta de Ishtar de la antigua Babilonia. Es probable que el otro edificio, el Pabellón de Azulejos (Çinili Köşk), muestre cerámica turca.

Pasear entre tulipanes
PARQUE

PLANO: 2 P. 44 **D2**

El **parque Gülhane** formaba parte del recinto del palacio de Topkapı, al que solo podía acceder la corte real. Hoy en día, multitudes de lugareños pasean entre los parterres, se relajan bajo los árboles y disfrutan de una comida sencilla, un té o un café en la terraza del Beltur Kandil Kafe. Durante el Festival del Tulipán de Estambul, que se celebra en abril y en el que millones de tulipanes florecen en parques y jardines, el parque se convierte en un derroche de color, con tulipanes que bordean cada camino y llenan los parterres.

Visitar una joya bizantina
EDIFICIO RELEVANTE

PLANO: 3 P. 44 **A8**

Al igual que muchos de los barrios obreros de Estambul, Küçük Ayasofya, en el extremo suroeste de Sultanahmet, se está gentrificando, y ahora los hoteles y otros

DÍAS DE CIERRE

Hay que planear la visita al casco antiguo en función de los horarios de cierre semanales de sus principales atracciones. Lunes: tumba del Sultán Ahmed I. Martes: palacio y harén de Topkapı, Santa Irene. Viernes: Mezquita Azul (de la mañana a media tarde), Pequeña Santa Sofía (de la mañana a media tarde), galería de Santa Sofía (12.30-14.30). Domingo: Gran Bazar.

egocios turísticos ocupan muchas e sus antiguas casas de madera. on todo, la zona conserva un mbiente de barrio residencial y s recomendable para conocer la ida cotidiana de la ciudad. Un ncentivo adicional es la **Pequeña anta Sofía,** una iglesia bizantina onstruida por orden del emperaor Justiniano y su esposa Teodora ntre 527 y 536, justo antes de que e construyera Santa Sofía. Todavía e puede ver el monograma de los onsortes en algunos de los capieles blancos con volutas. Es una e las estructuras bizantinas más ermosas de la ciudad, a pesar de aber sido convertido en mezquita principios del s. XVI y de haber erdido muchas de sus características originales durante una aciaga eforma en el 2007. Las celdas de a madraza del s. XVI, junto a la glesia, son utilizadas ahora por breros de segunda mano y encuaernadores.

Recorrer Soğukçeşme Sokak — CALLE

LANO: 4 P. 44 D4

Si se va a pie desde Sultanahmet hasta Sirkeci o Eminönü, o se cruza el puente hacia Beyoğlu es preferible evitar la ruta que sigue a línea del tranvía por Alamdar Caddesi y recorrer **Soğukçeşme Sokak,** una calle peatonal adoquinada que va desde la izquierda de a puerta principal del palacio de Topkapı hasta la entrada principal del parque Gülhane. Recibe su nombre de la Soğuk Çeşme ("fuente fría"), ubicada cerca de la entrada de Topkapı, y está bordeada de hermosos edificios que recrean las tradicionales casas de madera otomanas.

Se pueden ver estructuras otomanas más auténticas cuando la ruta se une a Alamdar Caddesi fuera del parque Gülhane. Hay que buscar el **Alay Köşkü,** del s. XIX (PLANO: 5 P. 44 C3), "pabellón de desfiles", un edificio poligonal adosado al muro del parque. Aquí es donde los sultanes presidían los desfiles de tropas y gremios comerciales que conmemoraban festividades y victorias militares. En la calle opuesta hay una puerta ceremonial rococó conocida tradicionalmente como la **Sublime Puerta** (PLANO: 6 P. 44 C3), que conducía a la sede del gran visirato o primer ministro otomano.

Ver girar a los derviches — ESPECTÁCULO

Hasta hace poco, el Museo de la Casa Galata Mevlevi y su *semahane* (sala de danza) era el lugar más auténtico para ver danzar a los derviches giróvagos. El complejo estaba cerrado por reformas, por lo que solo queda una *sema* (ceremonia de danza) a la que puedan asistir los turistas, la del **centro cultural Hodjapasha** (PLANO: 9 P. 44 B1), un *hamam* de 550 años de antigüedad bellamente reformado en Sirkeci. La "Experiencia Derviche", que es más un espectáculo que una

COCINA DE PALACIO OTOMANA

Estos dos restaurantes están especializados en platos que se servían en los palacios imperiales.

Deraliye

PLANO: 7 P. 44 **C5**

Ofrece una suntuosa cocina palaciega y delicias como el kebab de ganso que se servía a Solimán el Magnífico. El chef Necati Yılmaz también ofrece clases diarias en las que enseña a cocinar tres platos que luego se degustan. Mesas en el interior o en la azotea. *12.00-23.30*

Matbah

PLANO: 8 P. 44 **D4**

El menú de este restaurante del Ottoman Imperial Hotel cambia según la temporada y ofrece ingredientes inusuales como ganso, codorniz, membrillo y melaza. Mesas en el interior o al aire libre. *11.30-22.30*

ceremonia religiosa, dura 60 min y se realiza a las 19.00 casi todos los días. No se admiten menores de siete años y no se permite hacer fotos. Es imprescindible reservar (hodjapasha.com).

Satisfacer al estómago en Sirkeci CENTRO GASTRONÓMICO

En Sultanahmet hay pocas opciones para comer bien, por lo que muchos visitantes imitan a los lugareños y comen en el popular enclave de Hocapaşa en Sirkeci. Hocapaşa Sokak, a pocos pasos de la estación de tren de Sirkeci, alberga restaurantes sencillos, como el **Şehzade Cağ Kebabı** (PLANO: 10 P. 44 **B2**), conocido por su tierno kebab de cordero al estilo de Erzurum; el **Kasap Osman** (PLANO: 11 P. 44 **B2**), que sirve un sabroso *döner* kebab; y el sencillo **Hocapaşa Pidecisi** (PLANO: 12 P. 44 **B2**), que sirve *pide* recién salido del horno. Las calles cercanas también albergan excelentes restaurantes: el **Bitlisli** (PLANO: 13 P. 44 **B2**), conocido por sus sabrosos platos del sureste de Turquía, y el **Güvenç Konyalı** (PLANO: 14 P. 44 **B1**), que sirve especialidades de Konya, en Anatolia Central (como la picante *bamya çorbaşı,* una sopa agria con cordero y garbanzos).

Rendirse al vapor HAMAM

PLANO: 15 P. 44 **D6**

En la vida, no hay muchas oportunidades de pasear semidesnudo por un monumento otomano del s. XVI. En Sultanahmet, el meticulosamente restaurado **Ayasofya Hürrem Sultan Hamamı,** que data de 1556, ofrece ese lujo. Diseñado por Mimar Sinan, el *hamam* fue construido justo enfrente de Santa Sofía por orden de Solimán el Magnífico y debe su nombre a su esposa, Haseki Hürrem, conocida como Roxelana. Hay baños separados para hombres y mujeres ambos con un hermoso *soğukluk* (vestíbulo) rodeado de cubículos de nadera para cambiarse. Los tratamientos son realizados por expertos y el entorno es excepcionalmente hermoso y limpio. Se puede reservar un tratamiento estándar de 45 min y recibir una exfoliación corporal completa, un masaje con burbujas de jabón y un lavado de cabello con aroma a rosas.

Darse un capricho en el Cağaloğlu Hamam — HAMAM

PLANO: 16 P. 44 **B4**

Otro *hamam* del casco antiguo, el **Cağaloğlu Hamamı,** fue construido en 1741 por orden del sultán Mahmud I, quien determinó que sus beneficios se utilizarían para financiar la construcción de una biblioteca en Santa Sofía. Es uno de los *hamams* más bonitos de la ciudad, también con baños separados para hombres y mujeres. El tratamiento estándar es más barato que en el Ayasofya Hürrem Sultan Hamamı, pero dura lo mismo. Incluye una exfoliación corporal completa y un masaje con burbujas de jabón. La experiencia continúa en el evocador restaurante **Lokanta 1741,** abierto tanto para el almuerzo como para la cena.

Aprender a cocinar recetas turcas — CLASE DE COCINA

PLANO: 17 P. 44 **D7**

Cooking Alaturka, la primera escuela de cocina en inglés que se inauguró en Estambul, ofrece clases por la mañana y por la tarde muy agradables y adecuadas para todos, incluidos principiantes. Las clases se centran en la cocina turca casera y se imparten en inglés. Los participantes cocinan un menú fijo en grupo en 2-3 h. El resultado se disfruta después acompañado de vino.

También ofrece recorridos gastronómicos en los que se visitan mercados, se degusta comida callejera o se visita una cervecería histórica. Una de las ofertas más populares es la visita al bazar de las Especias, seguida de una clase de cocina.

ARTE TEXTIL TURCO

Turquía es conocida por sus alfombras y tejidos, con motivos y diseños introducidos gracias a los productos comercializados en la Ruta de la Seda. El arte de las alfombras turcas, por ejemplo, tiene su origen en las tiendas y alforjas tejidas por los nómadas túrquicos en Asia central. Los diseños locales también están influenciados por las *suzanis,* un tejido tribal bordado y decorativo que se fabrica en Tayikistán, Uzbekistán, Kazajistán y otros países de Asia central. Para encontrar alfombras y tejidos de buena calidad en Sultanahmet hay que ir a la **Mehmet Çetinkaya Gallery,** con productos caros pero de calidad. Su tienda principal está en Tavukhane Sokak, con una sucursal menor en el bazar Arasta.

Relajarse con un cóctel en una azotea

COCTELERÍA

PLANO: 18 P. 44 D6

Aunque hay muchas azoteas en Sultanahmet, pocas ofrecen bebidas a la altura de sus vistas. Abierto los días de buen tiempo en verano, el **Süreyya Teras Lounge** del Four Seasons, goza de vistas completas de Santa Sofía, Ayasofya Hürrem Sultan Hamamı y el Bósforo, y parciales de la Mezquita Azul. Con un cóctel bien preparado o una copa de vino de calidad, se puede ver el sol ponerse entre minaretes y cúpulas. Pura magia.

Buscar las huellas del Gran Palacio de Bizancio

RUINAS

Constantino el Grande construyó el Gran Palacio poco después de declarar Constantinopla capital del Imperio romano en el año 330. Los sucesivos emperadores fueron añadiendo edificios y el complejo acabó formado por edificios situados en terrazas que se extendían desde el Hipódromo hasta Santa Sofía y bajaban hasta los diques del mar de Mármara. El palacio fue abandonado después de que la Cuarta Cruzada arrasara la ciudad en 1204, y sus ruinas fueron saqueadas y destruidas tras la conquista otomana, convirtiéndose en los cimientos de gran parte de Sultanahmet.

Se han descubierto restos del Gran Palacio, incluidos sus suelos de mosaico, custodiados en el Museo de los Mosaicos del Gran Palacio (cerrado por reformas). También hay secciones de mampostería en los hoteles y restaurantes del distrito de Cankurtaran, entre la Mezquita Azul y los diques históricos. Se puede obtener más información en byzantium1200.com, con imágenes generadas por ordenador que recrean la antigua Bizancio.

MUSEUMS PASS İSTANBUL: POCO INTERÉS

Los visitantes que se planteen comprar un Museums Pass İstanbul deben saber que resulta poco útil. Con un coste de 105 €, la tarjeta incluye la entrada a 12 museos, pero en el momento de redactar esta guía, cinco de ellos estaban cerrados y no había fechas de reapertura anunciadas. De los abiertos, solo tres (el Museo de Arte Turco e Islámico, el Museo Arqueológico de Estambul y el palacio de Topkapı, que incluye el Harén y Aya İrini) son de interés. Las entradas por separado para estos tres lugares cuestan unos 75 €.

.o mejor para...

Económico ⓔⓔ Medio ⓔⓔⓔ Alto

Localizaciones en el plano de la **p. 44**

:omer

entempiés baratos

afız Mustafa ⓔ
B1
istórica *şekerlemeleri* ienda de dulces) que rve pudines de leche, aklava, künefe y otras elicias en su elegante alón de té de la planta uperior. Sucursales en ultanahmet y Sirkeci. *00-2.00*

D Karadeniz Aile Pide e Kebap Salonu ⓔ
B5
ste restaurante de Karadeniz, situado junto a ivan Yolu, ofrece desde 85 sabrosos *pides*, opas y kebabs y es muy opular. No sirve alcohol. *.00-23.00*

iğdem Pastanesi ⓔ
B5
bierto desde 1961, esta nimada pastelería es una puesta segura para un é o un café rápido con un ocadillo, un *börek* (masa ellena) o un dulce. *7.00-3.00*

Restaurantes

Galeyan Restaurant ⓔⓔ
22 B5
El restaurante del Sura Hotel, junto a Divan Yolu, sirve platos turcos de calidad superior a la media (salsas, kebabs, etc.). *11.30-24.00*

Khorasani ⓔⓔ
23 B5
Justo al lado de Divan Yolu, este *ocakbaşı* (asador) contemporáneo se especializa en *meze* y kebabs clásicos. *11.00-2.00*

Balıkçı Sabahattin ⓔⓔⓔ
24 D7
El restaurante más prestigioso de Sultanahmet, sirve *meze* y pescado fresco. Mesas en el jardín o en la histórica *konak* (casa). *12.00-24.00*

Comprar

Recuerdos con estilo

İznik Classics
25 D6
El propietario, Tahir Eğinci, vende cerámica pintada a mano de forma tradicional (platos, azulejos, jarrones, etc.) con motivos clásicos o contemporáneos. *9.00-19.00*

Khaftan
26 B7
Esta *boutique* junto al Hipódromo vende arte y antigüedades, como telas bordadas otomanas, cerámicas, pinturas, miniaturas y esculturas. *9.00-17.30*

Textiles

Jennifer's Hamam
27 C7
Propiedad de la canadiense Jennifer Gaudet, este negocio del bazar Arasta ofrece toallas tejidas a mano de primera calidad, *peştemals* (albornoces tradicionales) y batas en una gran variedad de colores. *8.30-20.00*

ATA Textiles
28 C7
Otro negocio recomendado del bazar Arasta, ATA, vende batas coloridas, toallas y *peştemals* en estilos atractivos. *8.30-20.00*

Sugerencias de lugares para comer, beber y comprar en **p. 92**

Explora

Barrio del Gran Bazar

Este fascinante barrio alberga el Gran Bazar y el bazar de las Especias. Entre los miles de tiendas que rodean estos mercados centenarios figuran otros bazares y caravasares de la era otomana que antaño albergaban a comerciantes de la Ruta de la Seda y sus productos exóticos. Estas calles son un popular lugar de paso para los vecinos y rebosan energía y buen humor. Recorrer este lugar es una experiencia multisensorial, especialmente si se prueba la deliciosa comida callejera. También hay muchos monumentos otomanos, como las emblemáticas mezquitas de Süleymaniye, Yenı Camii y Beyazıt. Es el distrito más vibrante y diverso de la zona histórica, una recompensa para quienes se aventuran fuera de las rutas trilladas.

Cómo desplazarse

Tranvía

Para llegar desde Sultanahmet o Beyoğlu, hay que caminar o tomar el tranvía (dirección Bağcılar/Cevizlibağ). La ruta se detiene en Eminönü (para el bazar de las Especias y Yenı Cami), Çemberlitaş (para Nuruosmaniye y la entrada este del Gran Bazar) y Beyazıt-Kapalı Çarşı (para la entrada oeste del Gran Bazar y Beyazıt Meydanı).

Metro

Las mezquitas de Süleymaniye y Şehzade Mehmet están cerca de la estación de metro de Vezneciler (línea M2 desde la plaza Taksim y Şişhane).

LO MEJOR

Visitar el **MERCADO** del Gran Bazar (p. 74).

Maravillarse ante la **MEZQUITA IMPERIAL** de Süleymaniye (p. 80).

Descubrir el **TESORO OCULTO** que aguarda la mezquita de Rüstem Paşa (p. 84).

Hacer un **CIRCUITO GASTRONÓMICO** en los callejones del barrio del Gran Bazar (p. 87).

Darse un paseo por las **TIENDAS** de Ali Muhıddin Hacı Bekir (p. 85).

Gran Bazar (p. 74).

Más información
Imprescindible p. 74
Experiencias p. 84
Comer p. 92
Beber p. 93
Comprar p. 93
A
B
C
D
1
2
3
4
5
6
Küçükpazar
Puente del Metro del Cuerno de Oro
Küçük Pazar Cad
Mehmet Paşa Yokuşu
Ragıp Gümüşpala Cad
Kıble Çeşme Cad
Hızır Külhanı Sk
Tavanlı Çeşme Sk
Melekşah Sk
Hayriye Hanım Sk
Altan Şekerleme
İtfaiye Cad
VEFA
Atatürk Bul
Darülhadis Sk
Sarı Beyazıt Cad
Şemsettin Sk
Namahrem Sk
DEMİRTAŞ
Mimar Sinan Teras Cafe
Katip Çelebi Sk
Vefa Cad
Oduk Sk
Şifahane Cad
Fetva Yokuşu
Mimar Sinan Cad
Bâb-ı Âli Kahvesi
Mezquita de Süleymaniye
Revani Çelebi Sk
Himmet Sk
MOLLA HÜSREV
Yoğurtçuoğlu Sk
Prof Sıddık Sami Onar Cad
Cemal Yener Tosyalı Cad
Vefa Cad
Vefa Bozacısı
Kayserili Ahmet Paşa Konağı
Dökmeciler Hamamı Sk
Islah Sk
Ayşekadın Hamamı Sk
Parque de Saraçhane
KALENDERHANE
Taştekneler Sk
Kazı Mescit Sk
Süleymaniye Cad
Mezquita de Şehzade Mehmet
Dede Efendi Cad
Delikanlı Sk
Universidad de Estambul
Besim Ömer Paşa Cad
Şehzadebaşı Cad
Darülelhan Sk
16 Mart Şehitleri Cad
Torre Beyazıt
Gençtürk Cad
Vezneciler
Fevziye Cad
Bozdoğan Kemeri Cad
Vidinli Tefikpaşa Cad
Vezneciler Cad
Ağa Yokuşu Sk
BALABAN AĞA
Büyük Reşit Paşa Cad
Biblioteca Estatal de Beyazıt
Çukur Çeşme Sk
Zeynep Kamil Sk
Fethibey Cad
Museo de la Cultura Turca del Hamam
Mezquita de Beyazıt
Mezquita de Laleli
Kurultay Sk
LALELİ
Laleli-Üniversite
BEYAZIT
Ordu Cad
Ordu Cad
Yeniçeriler Cad
0
200 m

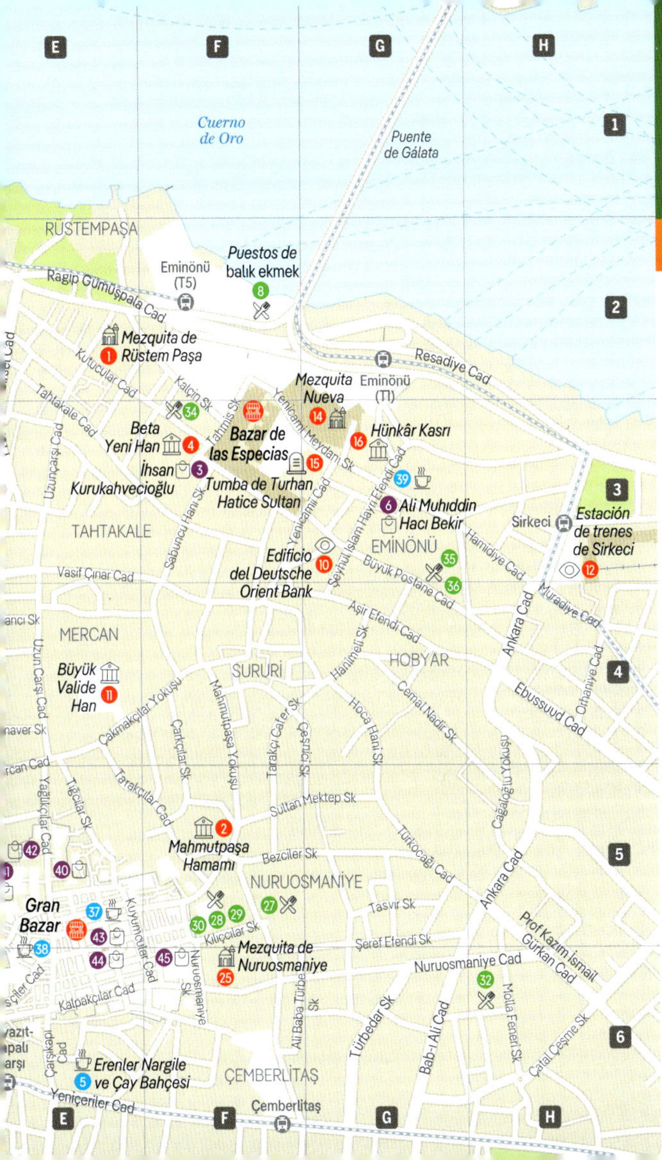
E
F
G
H
1
2
3
4
5
6
Cuerno de Oro
Puente de Gálata
RÜSTEMPAŞA
Eminönü (T5)
Puestos de balık ekmek
8
Ragıp Gümüşpala Cad
Mezquita de Rüstem Paşa
1
Resadiye Cad
Kutucular Cad
Tahtakale Cad
Kalçin Sk
Tahmis Sk
34
Mezquita Nueva
14
Eminönü (T1)
Hünkâr Kasrı
16
Beta Yeni Han
4
Bazar de las Especias
Yenicami Meydanı Sk
15
İhsan
3
39
Kurukahvecioğlu
Tumba de Turhan Hatice Sultan
Uzunçarşı Cad
6
Ali Muhıddin Hacı Bekir
Sirkeci
Estación de trenes de Sirkeci
TAHTAKALE
Sabuncu Hanı Sk
Yenicamii Cad
Şeyhul İslam Hayri Efendi Cad
EMİNÖNÜ
35
Hamidiye Cad
Edificio del Deutsche Orient Bank
10
Büyük Postane Cad
36
12
Vasif Çınar Cad
Aşir Efendi Cad
Muradiye Cad
Ankara Cad
MERCAN
HOBYAR
Hanimeli Sk
SURURİ
Uzun Carşı Cad
Büyük Valide Han
11
Çakmakçılar Yokuşu
Mahmutpaşa Yokuşu
Cemal Nadir Sk
Ebussuud Cad
Orhaniye Cad
Hoca Hani Sk
Tarakçı Cafer Sk
Çeşnici Sk
Çarkçılar Sk
Tarakçılar Cad
Tığcılar Sk
Yağlıkçılar Cad
Sultan Mektep Sk
Cağaloğlu Yokuşu
Mahmutpaşa Hamamı
2
Bezciler Sk
Türkocağı Cad
42
40
NURUOSMANİYE
Ankara Cad
27
Tasvir Sk
Gran Bazar
37
Kuyumcular Cad
30
28
29
Kılıççılar Sk
43
38
44
45
Nuruosmaniye Sk
Mezquita de Nuruosmaniye
25
Şeref Efendi Sk
Nuruosmaniye Cad
Prof Kazım İsmail Gürkan Cad
32
Kalpakçılar Cad
Ali Baba Türbe Sk
Türbedar Sk
Bab-ı Ali Cad
Molla Fenerî Sk
Çatal Çeşme Sk
Erenler Nargile ve Çay Bahçesi
5
ÇEMBERLİTAŞ
Yeniçeriler Cad
Çemberlitaş

★ IMPRESCINDIBLE

Gran Bazar

Al explorar este enorme y laberíntico mercado hay que estar atento para descubrir *hans* (caravasares) ocultos, desviarse por callejones estrechos para ver trabajar a los artesanos, disfrutar de una bebida en un café tradicional, bromear con los comerciantes y pasear por las pintorescas calles principales.

PLANO: P. 72 **E5**

CONSEJO
El bazar cierra los domingos. Conviene evitar ir al final de la tarde, cuando las calles principales (Kalpakçılar Caddesi, Sipahi Sokak, Yağlıkçılar Caddesi) están abarrotadas.

Escanea este código QR para acceder a los horarios.

Historia

El Kapalıçarşı (mercado cubierto), que comenzó como un pequeño *bedesten* (almacén) abovedado construido por orden de Mehmed el Conquistador en 1461, creció hasta cubrir una vasta área, con más de 60 calles techadas entre el almacén, las tiendas vecinas y los *hans*. La exploradora y escritora Evliya Çelebi (1611-1682), que viajó por todo el Imperio otomano durante más de cuatro decenios en el s. XVII, escribió sobre el bazar en su *Seyahatnâme* ("Libro de viajes"), y registró que había 3000 tiendas en 1630, además de 300 en los *hans* circundantes. En aquel tiempo, el mercado no era el enorme bazar cubierto actual, sino que comprendía los barrios de İç ("interior") y Yeni ("nuevo") Bedesten, del s. XV, con calles comerciales agrupadas. En 1880, el bazar contenía 4399 tiendas, 2195 talleres, 12 *hans* y casi 500 comercios. Hoy en día, tiene unas 400 tiendas y atrae hasta 400 000 visitantes cada día.

Aspectos destacados

Las dos partes más antiguas del bazar son el **İç Bedesten** ("almacén interior"), también conocido como Eski ("antiguo") Bedesten, y el **Yeni Bedesten** ("nuevo almacén"), que ahora se llama Sandal

SEBASTIAN INTELISANO/SHUTTERSTOCK ©

Bedestanı. El İç Bedesten está en el centro del bazar y alberga muchas tiendas de antigüedades. El pintoresco Sandal Bedestanı fue arrendado recientemente (con polémica) a la cadena internacional de restaurantes Nusr-Et, que ha abierto un asador en él.

Las principales calles son Kalpakçılar Caddesi, que va de este a oeste, y Sipahi Sokak/Yağlıkçılar Sokak, que va de norte a sur. Las calles del corazón del bazar son particularmente atractivas, con techos abovedados, suelos de mármol y *sebils* (fuentes públicas) decorativas.

Quizá las zonas más interesantes sean los *hans*, que se construyeron como talleres y almacenes para los comerciantes. Como el tráfico peatonal en ellos es mínimo comparado con el

UNA PAUSA
Hay muchos restaurantes en el bazar, pero la comida más sabrosa está en el entorno de Kılıççılar Sokak, junto a la Puerta de Kılıççılar.

VISITAS GUIADAS
Muchas agencias ofrecen visitas guiadas. Algunas se centran exclusivamente en las compras y pueden ser insistentes: no hay que sentirse obligado a comprar nada.

desfile de compradores y turistas de las vías principales, los alquileres son más bajos, lo que los hace populares entre los negocios especializados y de artesanía. Entre los mejores (aunque descuidados) *hans* figuran el **Astarcı Han**, el **Cebeci Hanı** y el **İç Cebeci Han.**

Al recorrer el bazar, se percibe la abundancia de joyas de oro, especialmente en las tiendas que bordean Kalpakçılar Caddesi. El oro tradicionalmente desempeña un papel importante en las ceremonias religiosas turcas, con joyas que usan las novias y monedas especiales que se ofrecen como regalo para celebrar el matrimonio o la *sünnet* (circuncisión). Hoy, Turquía es el quinto mercado mundial de oro, pues los turcos invierten en lingotes, joyas y monedas como eficaz remedio contra la inflación y una moneda débil.

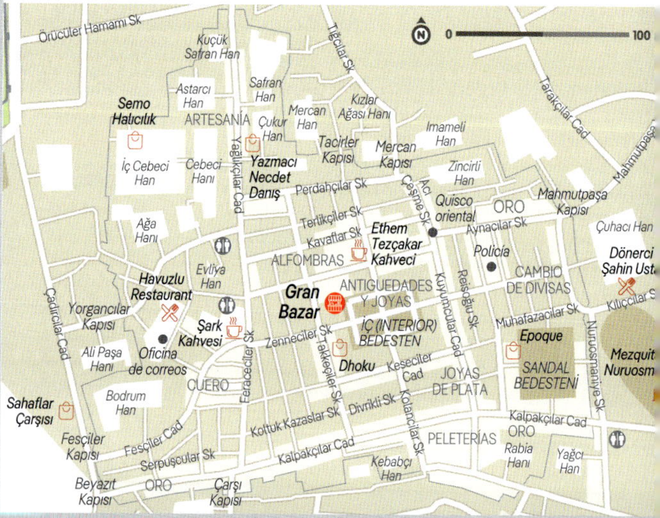

El arte del regateo

La compleja impronta del Imperio otomano perdura en muchos rituales cotidianos de Estambul. Hasta hace poco, el arte del regateo era uno de ellos. Sin embargo, los tiempos han cambiado y hoy el precio no negociable reina en la mayoría de los puntos de venta de la ciudad, incluido el Gran Bazar. Quizás la única excepción sean las tiendas de alfombras. Si se desea comprar una o un tapiz, hay que seguir los siguientes consejos.

Los precios "oficiales" casi siempre están inflados para permitir un margen de negociación, un 20 o 30% como regla general.

Nunca hay que sentirse obligado a comprar algo. El té y la conversación son gratis. Si se aceptan, no se debe comprar nada a cambio.

Antes de empezar a regatear, hay que decidir cuánto se está dispuesto a pagar.

La primera oferta debe ser de alrededor del 60% del precio que se quiera pagar. El comerciante se reirá, se mostrará ofendido o perplejo, lo cual forma parte del ritual. Luego hará una contraoferta del 80 o el 90%, ante lo cual el cliente debe decir que no está dispuesto a pagar esa cantidad y ofrecer alrededor del 70%. En este punto, comprador y vendedor deben haberse evaluado mutuamente. El vendedor indicará el precio al que está dispuesto a vender y, si se corresponde con lo que el comprador estaba dispuesto a pagar, habrá trato. Si no, hay que sonreír, dar la mano y marcharse.

NOMBRES DE LAS CALLES

Las calles del bazar conservan sus nombres de la era otomana y la mayoría hace referencia a los comercios que tradicionalmente albergaban. Kalpakçılar Caddesi alude a los fabricantes de sombreros de piel; Kuyumcular Caddesi, a los joyeros; Perdahçılar Sokak, a los pulidores; Takkeçiler Sokak, a los fabricantes de solideos; Sipahi Sokak, a los soldados de caballería; e İnciciler Sokağı, a los comerciantes de perlas.

CIRCUITO A PIE

Paseo por el Gran Bazar

El Gran Bazar es el corazón del casco antiguo de Estambul desde hace siglos. Este paseo describe una ruta por el bazar y las calles circundantes, con sus principales vías y puntos de interés arquitectónico. Se puede hacer cualquier día excepto el domingo, cuando el bazar cierra.

INICIO	FINAL	DURACIÓN
Parada de tranvía de Çemberlitaş	Bazar de las Especias	1,5 km; 40 min

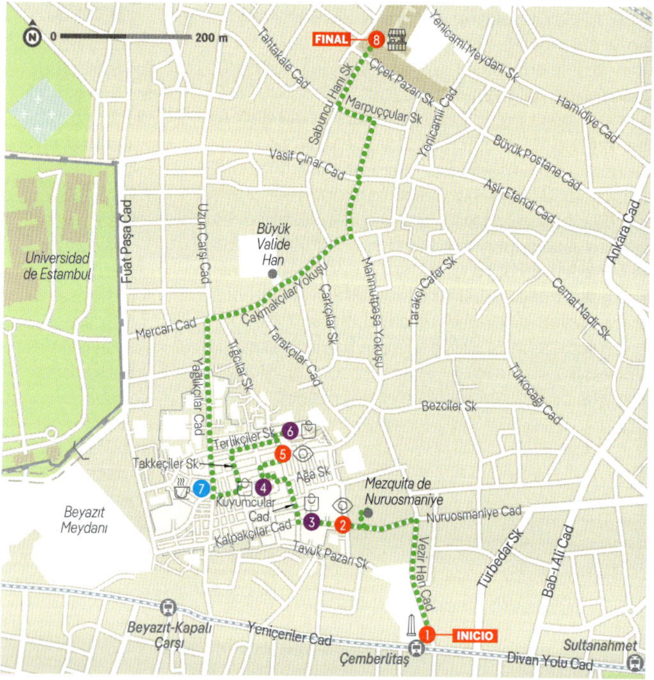

1 Antiguo monumento

El punto de partida es la columna de **Çemberlitaş,** junto a la parada de tranvía homónima. Fue erigida por orden del emperador Constantino el Grande para celebrar la elección de la Nueva Roma (Constantinopla) como capital del Imperio romano de Oriente en el año 330 d.C.

2 Entrada imperial

Hay que caminar por Vezir Han Caddesi hasta llegar a una calle peatonal adoquinada a la izquierda, que lleva a la mezquita de Nuruosmaniye. Junto a ella está una de las entradas principales al Gran Bazar, la **Nuruosmaniye Kapısı** (Puerta de Nuruosmaniye), adornada con una *tuğra* (caligrafía) imperial.

3 Calle de los joyeros

Al atravesar la puerta se entra en la iluminada **Kalpakçılar Caddesi,** repleta de joyerías. Aquí se desarrolla gran parte de la actividad diaria del bazar, donde los lugareños acuden a comprar lingotes, monedas y joyas de oro.

4 El corazón del bazar

Al girar a la derecha por Kuyumcular Caddesi y luego a la izquierda por İnciciler Sokak se llega a la parte más antigua del bazar, el **İç Bedesten** ("almacén interior"), con su cúpula y tiendas de antigüedades.

5 Quiosco oriental

Al salir de İç Bedesten por la puerta norte, hay que ir a la transversal, Halıcılar Sokak, girar a la derecha y luego a la izquierda para regresar a Kuyumcular Caddesi (actual Acı Çeşme Sokak). El pequeño **quiosco** en mitad de la calle se construyó a principios del s. XIX como tienda de pudines.

6 Caravasar histórico

Un poco más abajo de Acı Çeşme Sokak está la entrada al bonito **Zincirli Han,** con joyerías y un conocido comerciante de alfombras.

7 Parada para un café

En Acı Çeşme Sokak hay que girar a la izquierda hacia Perdahçılar Sokak y de nuevo a la izquierda hacia Takkeçiler Sokak, hogar de preciosos *sebils* de mármol. Al girar a la derecha en Zenneciler Sokak se llega a un cruce con Sipahi Sokak. **Şark Kahvesi,** el mejor café del bazar, está en la esquina.

8 Barrio comercial

Hay que girar a la derecha en Sipahi Sokak y seguir recto, saliendo del bazar por Öruculer Kapısı ("Puerta de los Tejedores") y continuar por Yağlıkçılar Sokak hasta el cruce con Mercan Caddesi. Allí se gira a la derecha hacia Çakmakçılar Yokuşu, dejando a la izquierda el Büyük Valide Han, del s. XVII, y girando hacia **Mahmutpaşa Yokuşu** (p. 84), que baja al bazar de las Especias.

★ IMPRESCINDIBLE

Mezquita de Süleymaniye

Encargada por Solimán I, conocido como "el Magnífico", fue la cuarta mezquita imperial construida en Estambul y, sin duda, hace honor al apodo de su patrón. Aunque no es la mezquita otomana más grande de la ciudad, es una de las más grandiosas y hermosas.

PLANO: P. 72 **C3**

CONSEJO
El horario de visita general es de 8.30 a 16.45. Los turistas no deben entrar durante las horas de oración ni los viernes antes de las 13.30. Las mujeres deben llevar un pañuelo en la cabeza.

Escanea este código QR para acceder a la web de la mezquita (solo en turco).

La mezquita

El arquitecto imperial más famoso y talentoso, Mimar Sinan, diseñó la mezquita, que se construyó entre 1550 y 1557. Se dice que los cuatro minaretes con sus diez hermosos *şerefes* (balcones) aluden al hecho de que Solimán fue el cuarto sultán otomano que gobernó la ciudad y el décimo después de la fundación del imperio.

En el interior hay cuatro contrafuertes integrados en las paredes, lo que genera un espacio abierto y aireado. El *mihrab* está cubierto de finos azulejos de İznik. La decoración interior incluye contraventanas con incrustaciones de nácar, vidrieras y medallones con una caligrafía fina.

El 'külliye'

Cada mezquita imperial otomana tenía asociado un *külliye,* un complejo filantrópico que incluye una madraza, un *hamam,* un *darüşşifa* (hospital), un *imaret* (comedor benéfico), una *kütüphane* (biblioteca), una *tabhane* (posada para derviches ambulantes) y una zona de *türbes* (tumbas). Con el tiempo, muchos *külliyes* fueron demolidos; afortunadamente, varios permanecen intactos aquí. El *imaret* y la *tabhane* están en el límite noroeste de la mezquita y los edificios de la calle Professor Sıddık Sami Onar Caddesi, frente a la entrada principal, albergaban tres madrazas y una escuela primaria. El *darüşşifa* está en la esquina de Profes-

TAHA ELMAN/SHUTTERSTOCK ©

sor Sıddık Sami Onar Caddesi y Şifahane Sokak, y el Süleymaniye Hamamı, aún activo, al este de la mezquita. La *arasta* (zona de tiendas) del *külliye* y otras dos madrazas se hallan en Mimar Sinan Caddesi, bajo la terraza de la mezquita.

'Türbes'

A la derecha (sureste) de la entrada principal está el cementerio, donde se encuentran cinco *türbes,* incluidas las de Solimán y su esposa Haseki Hürrem Sultan (Roxelana). Solimán está enterrado junto a su hija Mihrimah y dos sultanes posteriores: Solimán II y Ahmed II.

Aunque el arquitecto Mimar Sinan consideraba la mezquita de Selimiye en Edirne, más pequeña, como su mejor obra, eligió ser enterrado en la de Süleymaniye. Su modesta tumba está saliendo del jardín amurallado de la mezquita, junto a una madraza.

UNA PAUSA
Las antiguas madrazas de la calle Professor Sıddık Sami Onar Caddesi albergan restaurantes que sirven *kuru fasulye* (alubias blancas con salsa de tomate picante).

★ IMPRESCINDIBLE

Bazar de las Especias

Especias de colores vivos se exhiben junto a *lokum* (delicias turcas) con aspecto de joya, hierbas aromáticas y deliciosos panales de miel en este mercado de la era otomana del bullicioso Eminönü, un deleite visual para los miles de turistas y compradores locales que acuden a diario.

PLANO: P. 72 **F3**

CONSEJO
Las especias y otros productos son más baratos en las tiendas que rodean el bazar (sobre todo en Hasırcılar Caddesi) que en el propio bazar. Además, la calidad suele ser mejor.

El bazar abre de 8.00 a 19.30 de lunes a sábado, y desde las 9.00 los domingos.

Historia

El edificio del bazar se construyó en la década de 1660 como parte del *külliye* de la Yenı Cami (Mezquita Nueva), y los alquileres de las tiendas servían para el mantenimiento de la mezquita, así como para sus actividades benéficas, que incluían una escuela, un *hamam* y un hospital. Su diseñador fue Koca Kasım Ağa (1570-1659), arquitecto jefe de la corte imperial, que murió justo antes de que comenzara la construcción.

El nombre turco del mercado, Mısır Çarşısı ("mercado Egipcio"), se debe a que el edificio inicialmente se financiaba con impuestos que se aplicaban a las mercancías llegadas de Egipto. En su apogeo, era el punto final de las caravanas que recorrían la Ruta de la Seda desde China, India y Persia.

Comprar

Este es el lugar ideal para encontrar una poción de amor a base de hierbas o un afrodisiaco natural, aunque no se garantiza su eficacia. Además de especias *(baharat)*, hierbas, frutos secos, miel y caviar, más de 80 tiendas venden fruta seca, *lokum* y fruta prensada en láminas y secada *(pestil)*. El número de puestos que venden baratijas para turistas aumenta cada año, pero sigue siendo un buen sitio para comprar alimentos. Entre los

LAPAS77/SHUTTERSTOCK ©

puestos de calidad destacan **Malatya Pazarı** (fruta seca), **Cankurtaran Gıda** (delicatesen) y **Arifoğlu Baharat** (especias). Para comprar *lokum* es mejor ir a los cercanos **Ali Muhıddin Hacı Bekir** (p. 85), **Hafız Mustafa** (p. 93) o **Altan Şekerleme** (p. 85).

Negocios asociados

En las salas abovedadas sobre la entrada principal del bazar está **Pandeli**, un restaurante abierto en 1901. Sus tres salones están decorados con impresionantes azulejos de İznik de color turquesa, techos pintados y lámparas de araña. Lamentablemente, la comida no está a la altura del entorno.

En el lado oeste del mercado hay puestos al aire libre que venden alimentos frescos de toda Anatolia, incluida una maravillosa selección de quesos. En el este hay puestos de plantas y baños públicos.

UNA PAUSA
En Hasırcılar Caddesi se puede tomar un café turco preparado por expertos en la cafetería Kuru Kahveci, de Kurukahveci Mehmet Efendi, o en A'la Khave Evi, en Beta Yeni Han.

EXPERIENCIAS

Encontrar una joya oculta MEZQUITA

PLANO: 1 P. 72 **E2**

La diminuta **mezquita de Rüstem Paşa,** situada en el ajetreado barrio comercial de Tahtakale, que rodea el bazar de las Especias, es una auténtica joya. Data de 1560 y fue diseñada por Mimar Sinan para Rüstem Paşa, yerno y gran visir de Solimán el Magnífico. Es una obra maestra de la mejor arquitectura y del arte del azulejo, y se cree que fue el prototipo de la obra más importante de Sinan, la Selimiye Camii de Edirne.

Es fácil pasarla por alto, porque no está al nivel de la calle. Hay unas escaleras de acceso en Hasırcılar Caddesi y otras en la pequeña calle que va de Hasırcılar Caddesi al Cuerno de Oro. En lo alto de las escaleras hay una terraza y el pórtico con columnas de la mezquita. En este último se verán los exquisitos paneles de azulejos de İznik de la fachada de la mezquita. El interior está cubierto de más azulejos y tiene una hermosa cúpula, sostenida por cuatro pilares cubiertos también de azulejos.

Seguir el ejemplo local ZONA DE COMPRAS

La calle comercial **Mahmutpaşa Yokuşu** une el Gran Bazar con el bazar de las Especias en Eminönü. Aquí es donde los lugareños van a comprar todos los días excepto el domingo, abriéndose paso entre una multitud de vendedores ambulantes y porteadores. Es un gran lugar para ver la verdadera ciudad comercial y ofrece un agradable contraste con los bazares para turistas. Hay que salir del Gran Bazar por Mahmutpaşa Kapısı (Puerta de Mahmutpaşa; puerta 18) y bajar. De camino se ven *hans* históricos pero ruinosos y uno de los *hamams* más antiguos de la ciudad, el **Mahmutpaşa Hamamı** (PLANO: 2 P. 72 **F5**) de 1476. Cerrado hace mucho, necesita urgentemente una restauración. Al final de la calle hay un cruce con Hacı Kuçuk Sk, donde se debe girar a la izquierda e inmediatamente a la derecha, seguir recto y luego, de nuevo a la izquierda en Marpuççular Caddesi que conduce a las calles concurridas de Tahtakale alrededor del bazar de las Especias.

Saborear un 'türk kahve' TIENDA Y CAFÉ

Una vez en Eminönü, basta fiarse del olfato para llegar a Hasırcılar Caddesi y disfrutar de un café turco tradicional en el proveedor más famoso de Estambul, **Kurukahveci Mehmet Efendi** (p. 93). Esta empresa, fundada hace más de un siglo, tuesta café en su distintiva sede *art-déco,* al oeste del bazar de las Especias, perfumando todo el distrito y vendiendo el café a través de una ventanilla ante la que siempre se forma cola. Detrás está la cafetería y librería de la empresa, **Kuru**

Kahveci (p. 93), a la que se accede a través de un callejón que sale de Hasırcılar Caddesi. En la planta superior hay un pequeño museo con exposiciones sobre la historia de la empresa y la venerable tradición cafetera de Turquía. Al tomar un café aquí se puede consultar la web de la empresa (mehmetefendi.com/eng/turkish-coffee/fortune-telling) para saber más sobre el arte de leer los posos del café.

Unirse a los compradores locales

BARRIO COMERCIAL

Una de las zonas comerciales más concurridas del casco antiguo, **Hasırçılar Caddesi** y su prolongación occidental, **Kutucular Caddesi,** van del lado occidental del bazar de las Especias al extremo oriental del barrio de Küçük Pazar (Pequeño Bazar), situado debajo de la mezquita de Süleymaniye. Aquí hay tiendas de artículos para el hogar, ferreterías, confiterías y comercios de especias, frutos secos y café; un paseo por esta ruidosa y aromática calle es un deleite sensorial casi inigualable en la ciudad.

Esta parte de Eminönü fue durante mucho tiempo un centro de comercio de café, y se construyeron varios *hans* alrededor del bazar de las Especias para almacenar y preparar los granos. En la actualidad, el Kourou Kahvedji Han, de principios del s. xx, no restaurado y justo al sur de Kurukahveci Mehmet Efendi, es sede del reconocido minorista de café **İhsan Kurukahvecioğlu** (PLANO: 3 P. 72 F3); el **Beta Yeni Han** (PLANO: 4 P. 72 F3), del s. XVII, en Hasırcılar Caddesi, es sede de un importador de té y café clásico que opera una tienda de café, una tienda de té y la agradable cafetería **A'la Kahve Evi** (p. 93).

Comprar auténticas delicias turcas

COMPRAS

Las tiendas de *lokum* más famosas de la ciudad están en las calles que rodean el bazar de las Especias. La más antigua es **Ali Muhıddin Hacı Bekir** (PLANO: 6 P. 72 G3), fundada en 1777 y que sigue vendiendo sus productos en la tienda original de Hamidiye Caddesi. **Hafiz Mustafa** (p. 93), fundada en 1864, tiene una tienda al otro lado de la calle y **Altan Şekerleme** (PLANO: 7 P. 72 D2), fundada en 1865, está en Küçük Pazar, al otro lado del bazar de

CAFÉ TURCO

El *türk kahve* (café turco), espeso y potente, se bebe en un par de sorbos cortos. Al pedirlo, hay que indicar el grado de dulzor deseado: *çok şekerli* significa "muy dulce"; *orta şekerli,* "medio"; *az şekerli,* "ligeramente dulce" y *şekersiz o sade,* "nada dulce". En el barrio del Gran Bazar se puede tomar un buen café turco en el acogedor **Erenler Nargile ve Çay Bahçesi** (PLANO: 5 P. 72 E6), cerca del Gran Bazar y en Kurukahveci Mehmet Efendi y A'la Khave Evi, cerca del bazar de las Especias.

las Especias. Mucha gente piensa que el *lokum* que se vende en Ali Muhıddin Hacı Bekir es el mejor, pero lo ideal es probarlos y juzgar por uno mismo. Los hay de *cevizli* (nuez), *fıstıklı* (pistacho), *badem* (almendra) y *roze* (agua de rosas). Si se desea un surtido, hay que pedir un *çeşitli*.

Para los más cafeteros VISITA GUIADA

Los amantes del café pueden apuntarse a la "ruta del café turco" que ofrece **Istanbul Walks** (istanbul walks.com), una agencia local especializada en turismo cultural. Esta experiencia de 3 h incluye catas de café en cuatro locales pintorescos: uno en Sultanahmet, otro cerca del Gran Bazar, otro dentro del bazar y el último en un puesto de café en uno de los *hans* cerca del bazar de las Especias. Los participantes tienen ocasión de preparar su propio café en la última parada.

Probar un tentempié típico PUESTOS DE COMIDA

PLANO: 8 P. 72 F2

La comida rápida más típica de Estambul es el *balık ekmek* (bocadillo de pescado), y el lugar más pintoresco para probarlo es uno de los **puestos de 'balık ekmek'** junto a los llamativos barcos de colores amarrados en Eminönü, el Cuerno de Oro. Aquí, los vendedores asan filetes de caballa y los embuten en pan con ensalada. El jugo de limón es opcional pero recomendado. Los bocadillos saben mejor acompañados de un vaso de *şalgam* (mezcla de agua, *bulgur* hervido y jugo de zanahoria y nabo encurtidos), que se puede comprar en un carrito junto a los puestos.

Cruzar el Cuerno de Oro PUENTE

PLANO: 9 P. 72 D1

La mayoría de los visitantes cruza el puente de Gálata en algún momento, pero pocos saben que existe una segunda forma, igualmente agradable, de caminar entre el casco antiguo y Beyoğlu. El moderno **puente del Metro del Cuerno de Oro** (Haliç Metro Köprüsü), inaugurado en el 2014, conecta el Küçük Pazar, cerca del bazar de las Especias, con Karaköy y tiene dos pasarelas peatonales. La estación de metro está en mitad del puente. En el lado del agua de Karaköy, un parque ajardinado ofrece maravillosas vistas de la mezquita de Süleymaniye.

HISTORIA DE UN NOMBRE

El nombre de Estambul probablemente deriva de *"eis ten polin"* (que en griego significa "a la ciudad"). Aunque los turcos mantuvieron el nombre de Constantinopla después de la conquista, también utilizaron otros, como Estambul y Dersaadet ("ciudad de la Paz" o "de la Felicidad"). Atatürk cambió oficialmente el nombre de la ciudad a Estambul en los primeros años de la república.

Seguir la pista de 007 en la ciudad ESTAMBUL CINEMATOGRÁFICA

Tres películas de James Bond están ambientadas en Estambul: *Desde Rusia con amor* (1963), *El mundo nunca es suficiente* (1999) y *Skyfall* (2012). Gran parte de la secuencia inicial de esta última se rodó en el barrio del Gran Bazar. En estas escenas, Bond y Moneypenny persiguen al villano, Patrice, a través de Eminönü y hasta el Gran Bazar, donde Bond conduce una moto por los tejados. Otras ubicaciones son el **edificio del Deutsche Orient Bank** (PLANO: 10 P. 72 **G3**) en Eminönü, la plaza frente a la Yenı Cami (Mezquita Nueva; p. 88) y el **Büyük Valide Han** (PLANO: 11 P. 72 **E4**) cerca del Gran Bazar.

El bazar también aparece en *Desde Rusia con amor* (el jefe de la estación T, Kerim Bey, recoge a Bond allí). Otras localizaciones son la **estación de trenes de Sirkeci** (PLANO: 12 P. 72 **H3**; donde Bond y Tatiana suben en el *Orient Express*), la Cisterna Basílica (p. 60; que Bond y Kerim recorren en bote de remos) y Santa Sofía (p. 52; donde muere el agente ruso).

El mundo nunca es suficiente incluye escenas filmadas en Kız Kulesi (p. 142), en Üsküdar, y en Küçüksu Kasrı (p. 158), en el Bósforo.

Aprender con Culinary Backstreets CIRCUITO GASTRONÓMICO

El almuerzo es una parte importante del día para los comerciantes, artesanos y porteadores que trabajan en el barrio del Gran Bazar. Además de para descansar, también es una oportunidad para charlar con los compañeros y ponerse al día. Hay cientos de puestos de comida y restaurantes, muchos de los cuales son conocidos por la calidad de su comida, pero difíciles de encontrar. La agencia de recorridos gastronómicos **Culinary Backstreets** (culinarybackstreets.com) ofrece un circuito a pie de 6 h muy recomendable que explora los *hans* y las calles en torno al Gran Bazar y el bazar de las Especias, en el que se prueban comidas delicio-

PASIÓN POR LOS TULIPANES

A principios del s. XVIII, la moda de los tulipanes arrasó en la sociedad otomana. Para los miembros de la corte imperial y sus acólitos de la alta sociedad, la flor era un símbolo de refinamiento, muy apreciada y, por tanto, muy cara. También significaba una sensibilidad europea, ya que el comercio de tulipanes tenía su base en Holanda. El sultán Ahmed III (gobernante de 1703 a 1730) era un gran admirador de las flores y de la arquitectura europea, y su sucesor, Mustafa III, mantuvo la tradición, encargando la hermosa mezquita de Laleli ("de los tulipanes") (PLANO: 13 P. 72 **A6**), construida entre 1759 y 1763 y situada a pocos pasos del Gran Bazar.

sas (mejor no desayunar el día del circuito).

Admirar la mezquita "nueva" MEZQUITA

Solo en Estambul se podría decir que una mezquita de 400 años es "nueva". Construida entre 1597 y 1665 en un lugar destacado junto a la desembocadura del Cuerno de Oro, la **Mezquita Nueva** (PLANO: 14 P. 72 G3; Yenı Cami) fue originalmente encargada por Safiye Sultan, madre del sultán Mehmed III. El proyecto se completó seis sultanatos más tarde por orden de Hatice Turhan Sultan (1628-1683), madre de Mehmed IV. La **tumba de Turhan Hatice Sultan** (PLANO: 15 P. 72 G3) está cerca. La mezquita cuenta con un gran patio delantero y un santuario cuadrado rematado por semicúpulas coronadas por una gran cúpula. El interior está ricamente decorado con pan de oro, azulejos de İznik y mármol tallado.

Si está abierta, hay que visitar la **Hünkar Kasrı** (PLANO: 16 P. 72 G3), exquisitamente decorada y antigua sala de espera del sultán, situada sobre el gran arco del lado este de la mezquita, que acoge exposiciones esporádicas.

Visitar una sede del poder imperial PLAZA

En la época bizantina, la **plaza Beyazıt** (también conocida como Hürriyet Meydanı) era el Foro de Teodosio. Hoy en día, por la zona viven los estudiantes de la vecina Universidad de Estambul y muchas palomas. Las principales estructuras de la plaza son la mezquita de Beyazıt y los edificios que formaban parte de su *külliye,* como una madraza que se estaba restaurando en el momento de redactar esta guía, un *hamam* doble y un caravasar e *imaret* (comedor de beneficencia) que juntos forman la **Biblioteca Estatal de Beyazıt** (PLANO: 17 P. 72 D5). Domina la plaza la **torre de Beyazıt,** de 85 m de altura (PLANO: 18 P. 72 D4).

La segunda mezquita imperial construida en Estambul (tras la de Fatih), la **mezquita de Beyazıt**

MEZQUITAS IMPERIALES

Tras la conquista, los sultanes otomanos se apresuraron en dejar su impronta arquitectónica en la ciudad. Mehmed inició una oleada de construcciones que duró siglos demoliendo la iglesia de los Apóstoles del s. IV, lugar de enterramiento de los emperadores bizantinos, y construyendo en su lugar la mezquita original de Fatih. El hijo de Mehmed, Solimán el Magnífico, se embarcó en un ambicioso programa constructivo, encargó la construcción de las mezquitas de Süleymaniye, Şehzade Mehmet y Yavuz Sultan Selim. Su hija Mihrimah encargó las de Edirnekapı y Üsküdar. Posteriormente, otros sultanes y sus consortes siguieron el ejemplo con las mezquitas Azul, Nuruosmaniye y Atik Valide.

LANO: 19 P. 72 **D6**) fue construida ntre 1501 y 1506 por orden de ;eyazıt II, hijo de Mehmed el ;onquistador. Cabe destacar el uso xcepcional de piedra fina, con nármol, pórfido y granito antiguo. ;l patio cerrado tiene 24 pequeñas úpulas y una fuente central para bluciones. La *türbe* de Beyazıt stá tras la mezquita.

)escubrir la ;ultura de los 'hamam' MUSEO

LANO: 20 P. 72 **C6**

;l Hamam Beyazıt, construido ı principios del s. XVI por orden de los poderosas mujeres (la madre le Selim I y una de las esposas de 3eyazıt II), hoy inactivo, es uno le los baños otomanos más granles de la ciudad. También conocido :omo Hamam-ı Kebır ("Antigua Casa de Baños"), este edificio de planta cuadrada con secciones originales abovedadas para hombres y mujeres alberga ahora el **Museo de la Cultura Turca del Hamam,** con exposiciones que explican los rituales y aspectos prácticos de esta tradición. Los paneles están repletos de información interesante, incluidas descripciones de viajeros europeos de los ss. XVIII y XIX. Lady Mary Wortley Montagu, una aristócrata inglesa que vivió en Constantinopla entre 1716 y 1718, describió los *hamams* como el equivalente femenino de un café "donde se cuentan todas las noticias de la ciudad, se inventan escándalos, etc.". La entrada al museo, gestionado por la Universidad de Estambul, es gratuita.

LOS MEJORES CAFÉS EN AZOTEAS

Las calles situadas justo debajo de la mezquita de Süleymaniye albergan cafés en terrazas populares entre los estudiantes de la cercana Universidad de Estambul.

Mimar Sinan Teras Cafe

PLANO: 21 P. 72 **D2**

Desde la amplia terraza de este popular café en un destartalado edificio a la sombra de la mezquita de Süleymaniye, se disfruta de una magnífica vista de la ciudad. Ideal para un café o un *çay*. El servicio puede ser lento. *9.00-00.30*

Bâb-ı Âli Kahvesi

PLANO: 22 P. 72 **D3**

Otro café con terraza panorámica. Las vistas abarcan Beyoğlu, el Cuerno de Oro y el Bósforo. *8.00-2.00*

Pasear entre casas otomanas BARRIO HISTÓRICO

Las calles que rodean la mezquita de Süleymaniye albergan casas de madera otomanas restauradas como parte de un proyecto de regeneración urbana. Para admirarlas, hay que pasear por el barrio de **Molla Hüsrev,** en el lado suroeste de la mezquita. Desde los restaurantes de *fasulye* (alubias) y las tiendas de recuerdos en Professor Sıddık Sami Onar Caddesi frente a la mezquita, se entra en la estrecha Ayşekadın Hamamı Sokak (frente a la puerta principal de la mezquita) y se baja por Kayserili Ahmetpaşa Sokak. Aquí hay varias casas de madera bonitas construidas a finales del s. XIX y principios del XX. Hacia el final de la colina, en el lado derecho de la calle, está la más impresionante, **Kayserili Ahmet Paşa Konağı** (PLANO: 23 P. 72 **B4**), una mansión de tres plantas que fue el hogar de un ministro de la marina otomana y ahora es la sede de la Dirección de Inspección de Ejecución de la Conservación de la ciudad.

Probar un reconstituyente tradicional

ESPECIALIDAD TURCA

PLANO: 24 P. 72 **A3**

Desde su apertura en 1876, **Vefa Bozacısı** ha servido a los vecinos *boza*, un viscoso tónico sin alcohol elaborado con agua, azúcar y cebada fermentada. Aderezada con garbanzos secos y una pizca de canela, la bebida tiene un ligero sabor a limón y tiene fama de aumentar la fuerza y la virilidad. Eso sí, su sabor es peculiar. El interior del bar ha cambiado poco durante su larga historia. En verano también sirve *şıra* (zumo de uva fermentado), *limonata* (limonada) y *osmanlı şerbeti* (tónico otomano).

Descansar a las puertas del bazar

MEZQUITA

PLANO: 25 P. 72 **F6**

La **mezquita de Nuruosmaniye,** situada frente a una de las principales puertas del Gran Bazar, fue construida en estilo barroco otomano entre 1748 y 1755. La construcción se inició por orden de Mahmud I y se terminó durante el reinado de su sucesor, Osman III. Meticulosamente restaurada en los últimos años, cuenta con una sala de oración central coronada por una enorme cúpula, un singular patio trasero poligonal y un *külliye* con una madraza, un *imaret,* un *kütüphane* y la *türbe* de Şehsuvar Sultan, madre de Osman III. A pesar de su ubicación en la transitada calle peatonal que va de Cağa-

LAS SIETE COLINAS

El casco antiguo de Estambul está construida sobre siete colinas, cada una coronada por un monumento importante. La primera lo está por Santa Sofía y la Mezquita Azul; la segunda, por la mezquita de Nuruosmaniye. Las mezquitas de Beyazıt y Süleymaniye están en la tercera colina. Hacia el oeste, la mezquita de Fatih está en la cuarta colina, la de Yavuz Sultan Selim en la quinta y la de Mihrimah Sultan en la sexta. La séptima colina, cerca del mar de Mármara, alberga las mezquitas de Cerrah Paşa y Haseki Sultan así como la monumental fortaleza de Yedikule.

oğlu Meydanı al bazar, la mezquita s sorprendentemente tranquila. La entrada para visitantes está en el patio trasero.

Honrar el tributo de un padre

MEZQUITA

LANO: 26 P. 72 A4

La **mezquita de Şehzade Mehmet,** de planta cuadrada, fue construida entre 1543 y 1548 por Solimán el Magnífico en memoria de su hijo Mehmed, muerto de viruela en 1543 a los 22 años. Fue a primera mezquita importante diseñada por Mimar Sinan y tiene un hermoso jardín, dos minaretes con balcones dobles y un gran patio con columnas con una *şadırvan* (fuente de abluciones) en el centro. En el interior, la cúpula central está sostenida por cuatro semicúpulas (una a cada lado de la plaza). Entre las personalidades enterradas en las cinco tumbas cubiertas de azulejos del lado oriental están el príncipe Mehmed; el gran visir de Solimán, Rüstem Paşa; y el hijo y la hija de Mehmed III (el primero fue asesinado por orden de su padre). Otras partes del *külliye* aún en pie son la madraza y una *tabhane* que ahora sirve como laboratorio en el vecino Vefa Lycée.

EL GRAN SINAN

Ningún otro arquitecto ha ejercido sobre una ciudad la influencia que tuvo Mimar Koca Sinan sobre Constantinopla durante sus 50 años de carrera. Nacido en 1497, fue reclutado en el *devşirme,* la leva anual de jóvenes cristianos para el cuerpo de jenízaros. Se convirtió al islam (como todos los reclutas) y aceptó un puesto como ingeniero militar. Solimán el Magnífico lo nombró jefe de los arquitectos imperiales en 1538. Sinan diseñó 321 edificios, 85 de los cuales todavía se mantienen en pie. Murió en 1588.

SUGERENCIAS

Lo mejor para...

Localizaciones en el plano de la p. 72

€ Económico €€ Medio €€€ Alto

Comer

Kebabs sabrosos

Dürümcü Raif Usta €
27 F5
Especializado en kebabs de Adana y Urfa servidos con cebolla cruda y perejil y envueltos en pan *lavaş*. El Adana es picante. *8.00-18.30 lu-sa*

Dönerci Şahin Usta €
28 F5
Los comerciantes del Gran Bazar aseguran que prepara el mejor *döner* de la zona. *11.00-16.00, lu-sa*

Kokoreççi Erdinç Usta €
29 F5
Los amantes de la casquería acuden por el *kokoreç*, callos de cordero rellenos y especiados, asados sobre carbón y servidos en pan. *9.00-18.00 lu-sa*

Aynen Dürüm €
30 F5
Hay que elegir la carne para el kebab y añadir encurtidos y hierbas. *9.00-18.30 lu-sa*

Dürümcü Mehmet €
véase 29 F5
Este pequeño local sirve excelentes kebabs en pan *lavaş*. Los más valientes piden el *kuzu ciğer* (de hígado de cordero) y el *kuzu yürek* (de corazón de cordero). *11.00-19.00 lu-sa*

Meşhur Dönerci Hacı Osman'ın Yeri €
31 D4
Popular puesto de *döner* situado en una elegante *sebil* (fuente) otomana cerca del bazar. *10.30-16.30 lu-sa*

Comida informal

Sefa Restaurant €
32 H6
Situado entre Sultanahmet y el Gran Bazar, este lugar limpio y popular ofrece *hazır yemek* (platos preparados). *7.00-17.00 lu-sa*

Kuru Fasulyeci Erzincanlı Ali Baba €
33 C3
Frente a la mezquita de Süleymaniye, es famoso por su sabroso *kuru fasulye* acompañado de *pilaf* (arroz) y *turşu* (encurtidos). *11.00-21.00*

Restaurantes

Hamdi Restaurant €€
34 F3
Este restaurante de varias plantas, el más querido del casco antiguo, sirve excelentes kebabs. Mejor reservar en la azotea. *12.00-23.00*

OCAK €€€
35 G3
Este restaurante de un hotel de lujo, famoso por sus menús vegetarianos, sirve versiones refinadas de especialidades de Anatolia. *18.30-24.00*

Olden 1772 €€€
36 G4
Con un entorno espectacular en el patio cubierto de un caravasar histórico, este restaurante anatolio de lujo en Eminönü es digno de mención. *9.00-1.00*

·eber

›s mejores cafés ›l Gran Bazar

·them Tezçakar ahveci

7 E5

› más grande que un mario, con mesas bajas ·taburetes desde donde s clientes pueden ›servar a los comprado-s. *9.00-18.00 lu-sa*

ark Kahvesi

3 E5

ste histórico *kahveci* › la mejor opción para ·mar café y té en el ›zar. *8.30-19.00 lu-sa*

›s mejores cafés ›rca del bazar e las Especias

uru Kahveci

ase 4 F3

café del importador ás famoso de Estambul › un refugio tranquilo en edio del caos comercial › Hasırcılar Caddesi. *00-18.00 lu-sa*

'la Khave Evi

ase 4 F3

› el restaurado Beta ›ni Han de Hasırcılar addesi, este local con atio sirve café recién ›stado (turco, expreso y de filtro), té y aperitivos. *9.00-18.00 lu-sa*

Hafız Mustafa

39 G3

Sucursal en Eminönü de la cadena local de tiendas de dulces, con mesas en el piso superior y en la calle. *6.00 hasta la madrugada*

Comprar

Tejidos

Yazmacı Necdet Danış

40 E5

Este lugar, repleto de innumerables rollos de tela, es frecuentado por diseñadores de moda y compradores de todo el mundo. *9.00-18.30 lu-sa*

Semo Halıcılık

41 E5

El propietario, Aziz Ozcan, vende *suzanis* (tejidos tribales bordados y decorativos de Asia central) de calidad en su tienda de İç Çebeci Han. *9.00-19.00 lu-sa*

Samerkand Textiles

42 E5

En esta tienda situada al final de un pasillo en Astarcı Han se pueden encontrar excelentes *suzanis* y caftanes. *9.00-18.30 lu-sa*

Otras tiendas del Gran Bazar

Lonca

43 E5

En el corazón del bazar, esta *boutique* vende jabones, toallas, *peştemals* (albornoces) y mantas. *9.00-18.30 lu-sa*

Dhoku

44 E6

En dos tiendas de Takkeciler Sokak, en el Gran Bazar, venden kílims de lana con modernos y artísticos diseños. *9.00-18.30 lu-sa*

Epoque

45 F6

Uno de los pocos anticuarios que quedan en el bazar, Epoque (también llamada Epok) vende plata, joyas, iconos y otros objetos de colección. *9.00-18.30 lu-sa*

Café y té

Kurukahveci Mehmet EfFINALi

véase 4 F3

Un excelente recuerdo es un juego de café turco con cafetera, dos tazas y una lata de café comprado aquí o en el café asociado Kuru Kahveci. *9.00-18.00 lu-sa*

Sugerencias de lugares para comer y beber en **p. 69**

Explora

Cuerno de Oro y barrios occidentales

medida que Constantinopla crecía, se alzaron murallas ara proteger la ciudad. Los barrios de Haliç (Cuerno de Oro) ntramuros mostraban la diversidad étnica de Estambul: la omunidad judía se congregaba en Balat y los *rûm istanbulus* ortodoxos griegos) en Fener. Aunque el barrio más grande de la iudad, Fatih, lleva ahora el nombre de Mehmed el Conquistador, a zona es mucho más antigua, ya que albergaba la iglesia de los antos Apóstoles, del s. IV, demolida por Mehmed. Eyüpsultan, xtramuros, acoge el santuario musulmán más importante de urquía e importantes estructuras religiosas otomanas.

ómo desplazarse

Ferri

l ferri (línea Haliç) recoge a la mayoría de s pasajeros en Karaköy İskelesi y para en ener, Balat y Ayvansaray antes de llegar Eyüpsultan.

Tranvía

esde Sultanahmet, va a Fatih (dirección ağcılar/Cevizlibağ). Hay que bajar en usufpaşa, Hasekı o Fındıkzade.

esde Eminönü, el T5 va hasta Alibeyköy. ay que bajar en Fener, Balat, Ayvansaray, eshane y Eyüpsultan Teleferik.

Metro

esde Beyoğlu, la línea M2 (dirección enikapı) llega a Vezneciler, desde donde e puede caminar hasta Zeyrek y Fatih.

LO MEJOR

Hacer una **EXCURSIÓN EN FERRI** por el Cuerno de Oro (p. 98).

Disfrutar de un **PASEO** por Eyüpsultan (p. 102).

Relajarse en el **'HAMAM'** Zeyrek Çinili (p. 105).

Explorar el **MERCADO CALLEJERO** de Çarşamba Pazarı (p. 106).

Descubrir la **CULTURA CAFETERA** de Balat (p. 107).

alat (p. 107).
OTMILLER1986/SHUTTERSTOCK ©

A
B
C
D
1
2
3
4
5
6
0 400 m
Más información
Imprescindible p. 98
Experiencias p. 104
Comer p. 109
Beber p. 109
AVCIBEY
25
Savaklar Cad
Şişhane Cad
Saklambaç Sk
Tekfur Sarayı
14
Meşatlık Sk
Otakçıbaşı Sk
Hoca Çakır Cad
Kariye İmareti Sk
Kantarcı Ali Sk
Paşa Ham
Edirnekapı Rami Cad
Kariye Türbe Sk
Kariye Bostanı Sk
Edirnekapı Şehitliği
Edirnekapı
6
Iglesia de San Salvador de Cora
Vaiz Sk
Fevzi Paşa Cad
Kariye Camii Sk
EDİRNEKAPI
Neşter Sk
Tatlıcı Sk
Evlatlık Sk
Draman
Topkapı Edirnekapı Cad
Ali Kuşçu Sk
Salma Tomruk Cad
Şehit Ümit Uçan Sk
Kale Boyu Sk
13
Mezquita del Sultán Mihrimah
Eroğlu Sk
Kalfa Efendi Sk
Yeşilce Direk Sk
Müftü Sk
Salma Tomruk Sk
DERVİŞ ALİ
KARAGÜMRÜK
Kasım Odalar Sk
SULUKULE
Estadio de Karagümrük
0 200 m
Mezquita de Fatih
8
Ders Vekili Sk
Tetimmeler Cad
Çırçır Cad
Fatih Cad
Zeyrek Cad
Çinili Odalar Sk
Mıhçılar Cad
ZEYREK
Tabhane Sk
Eski Mutaflar Sk
Kırbacı Sk
İmam Niyazi Sk
7
Hamam Zeyrek Çinili
İtfaiye Cad
Fevzi Paşa Cad
Tezgahçılar Sk
FATİH
Refah Sk
Serdab Sk
Suyolu Sk
16
4
17
Dostlar Çay Evi
5
Bazar de las Mujeres
9
Sirelli Baklava
3
Acueducto de Valente
Açıklar Sk
Macar Kardeşler Cad
Ömerefendi Sk
İtfaiye Cad
Atatürk Bul
Ampliación "Fatih y Zeyrek"

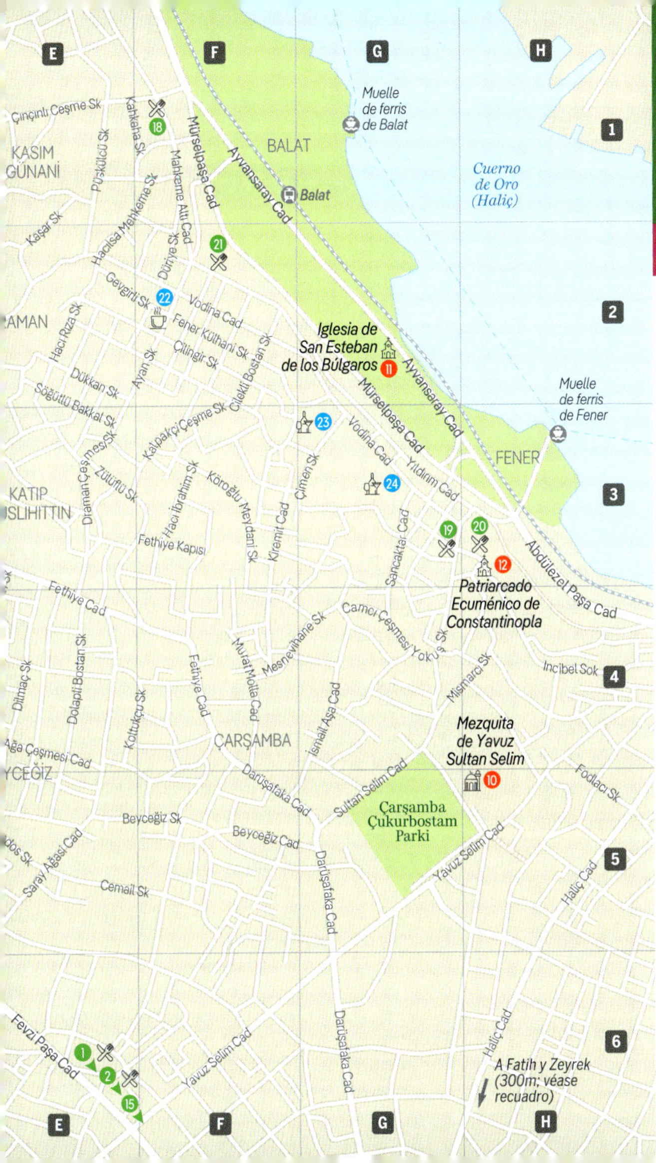
E
F
G
H
1
2
3
4
5
6
Muelle de ferris de Balat
BALAT
Balat
Cuerno de Oro (Haliç)
Çinçinlı Çeşme Sk
Kahkaha Sk
Mürselpaşa Cad
Ayvansaray Cad
KASIM GÜNANİ
Püskülcü Sk
Mahkeme Altı Cad
Hacıisa Mehkeme Sk
Kaşar Sk
Dürriye Sk
Gevgirli Sk
Vodina Cad
Fener Külhani Sk
Çilingir Sk
Çilekli Bostan Sk
Iglesia de San Esteban de los Búlgaros
Ayvansaray Cad
Mürselpaşa Cad
Muelle de ferris de Fener
AMAN
Hacı Rıza Sk
Dükkan Sk
Ayan Sk
Söğütlü Bakkal Sk
Katpakçı Çeşme Sk
Vodina Cad
Yıldırım Cad
FENER
Draman Çeşmesi Sk
Züfüflü Sk
Hacı İbrahim Sk
Köroğlu Meydanı Sk
Kiremit Cad
Çimen Sk
KATIP SLIHITTIN
Fethiye Kapısı
Sancaktar Cad
Abdülezel Paşa Cad
Patriarcado Ecuménico de Constantinopla
Fethiye Cad
Camcı Çeşmesi Yokuş Sk
Mesnevihane Sk
Incibel Sok
Mismarcı Sk
Dilmaç Sk
Dolaplı Bostan Sk
Koltukçu Sk
Fethiye Cad
Murat Molla Cad
İsmail Ağa Cad
ÇARŞAMBA
Mezquita de Yavuz Sultan Selim
Ağa Çeşmesi Cad
YCEĞİZ
Darüşşafaka Cad
Sultan Selim Cad
Fodlacı Sk
Çarşamba Çukurbostam Parki
Beyceğiz Sk
Beyceğiz Cad
Yavuz Selim Cad
dos Sk
Saray Ağası Cad
Darüşşafaka Cad
Haliç Cad
Cemail Sk
Fevzi Paşa Cad
Yavuz Selim Cad
Darüşşafaka Cad
Haliç Cad
A Fatih y Zeyrek (300m; véase recuadro)
18
21
22
23
24
11
19
20
12
10
1
2
15

★ IMPRESCINDIBLE

En ferri por el Cuerno de Oro

No muchos visitantes conocen la ruta en ferri que va y viene por el Haliç (estuario). Es una pena, ya que este trayecto, fácil y económico, pasa por barrios que han sufrido una interesante transformación en los últimos decenios y que albergan muchos monumentos históricos.

CONSEJO

Para viajar en la línea Haliç Hattı se necesita una İstanbulkart. Hay que dedicar al menos medio día a los barrios del Cuerno de Oro (un día entero es mejor).

De Karaköy a Kasımpaşa

El viaje comienza en Üsküdar, pero la mayoría de los pasajeros embarca en Karaköy İskelesi antes de que el ferri pase bajo tres puentes (el de Gálata, el del Metro de Haliç y el Atatürk) hasta **Kasımpaşa**. Los astilleros imperiales otomanos se ubicaron aquí desde el s. XVI y algunos edificios originales permanecen. El edificio palaciego recientemente renovado al lado del muelle del ferri es el **Bahriye Nezareti,** del s. XIX, construido como residencia del banquero Abraham Camondo. En la colina superior hay un edificio del s. XVIII con una torre de reloj que acogió originalmente la academia naval imperial, reconvertido en hospital en la década de 1850. La zona ribereña se está reurbanizando como parte del proyecto HaliçPort, con nuevos usos para los diques y edificios históricos, un paseo panorámico y un puerto deportivo.

De Kasımpaşa a Balat

En la primera de una serie de travesías de costa a costa, el ferri cruza el Cuerno de Oro hasta **Fener,** hogar tradicional de la población griega de la ciudad (p. 107). El destacado edificio de ladrillo rojo con una torre abovedada en la colina sobre el *iskele* (muelle del ferri) es el **colegio ortodoxo griego Phanar,** construido entre 1881 y 1883. Sobre él, coronando una de las siete colinas de la ciudad,

Escanea este código QR para acceder a los horarios de los ferris.

NICK N A/SHUTTERSTOCK ©

se encuentra la **mezquita de Yavuz Sultan Selim** (p. 106), construida a principios del s. XVI por Solimán el Magnífico en honor a su padre, Selim I. En la costa se encuentra la **iglesia de San Esteban de los Búlgaros** (p. 107), con sus distintivas cúpulas doradas.

El barco sigue la costa occidental hasta el cercano suburbio de **Balat** (p. 107), que se está gentrificando rápidamente. Este barrio, que albergó a una gran proporción de la población judía de Estambul (conserva dos sinagogas), ahora es conocido por su próspera cultura de cafés.

De Balat a Hasköy

El ferri continúa su viaje cruzando el Cuerno de Oro hasta **Hasköy.** Durante siglos, este fue un pequeño pueblo de mayoría judía que en el período otomano albergó un astillero y un coto de caza

UNA PAUSA
Vodina Caddesi y Yıldırım Caddesi son el epicentro de los cafés bohemios de Balat. El Velvet Cafe o el Kaffa Miro ofrecen café, té o comidas sencillas.

del sultán. El principal museo de transporte y tecnología de la ciudad, el **Museo Rahmi M Koç** (p. 178), está a la izquierda del *iskele*. En las colinas traseras hay varios cementerios históricos.

De Hasköy a Sütlüce

Tras atravesar de nuevo el estuario, el ferri se detiene en **Ayvansaray,** donde se puede bajar para caminar por la colina junto a los restos de las murallas históricas de la ciudad (que también se pueden ver desde el ferri) hasta la **iglesia de San Salvador de Cora** (Kariye Camii; p. 104) y la hermosa **mezquita de Mihrimah Sultan** (p. 108).

Desde Ayvansaray, el barco pasa bajo el Haliç Köprüsü (puente de Haliç) hasta **Sütlüce.** El gran complejo a la izquierda de Sütlüce İskelesi con azulejos turquesas en su exterior es un moderno centro de congresos.

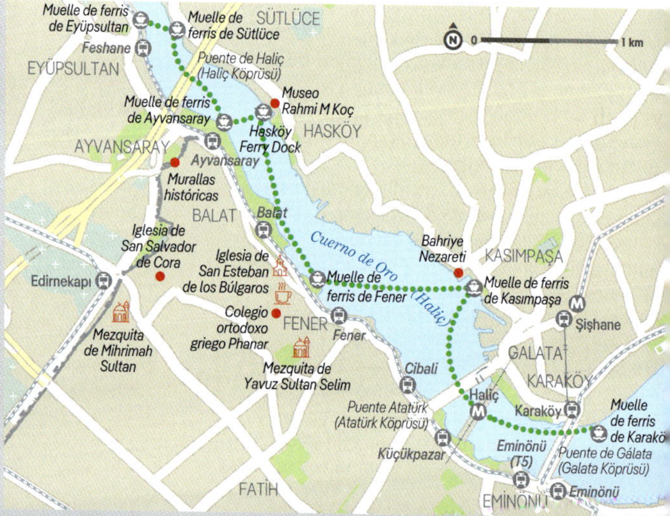

TANER MUHLIS KARAGUZEL/SHUTTERSTOCK ©

La última etapa es la corta travesía entre Sütlüce Eyüpsultan en la costa occidental.

yüpsultan

a última parada del ferri es **Eyüpsultan,** un arrio fascinante construido alrededor de la **mezquita de Eyüp Sultan** (p. 103), uno de los lugares eligiosos más importantes de Turquía. Una vez allí, e puede visitar directamente la mezquita o seguir l circuito a pie (p. 102), que comienza en el recien- e **Feshane Artİstanbul** (p. 103; foto superior), n impresionante centro cultural con galerías, una iblioteca y una agradable cafetería.

Desde Eyüpsultan se puede regresar en ferri a Karaköy. Otra opción es tomar en la parada frente Feshane un tranvía que para en Ayvansaray, Balat, Cıbalı y Küçükpazar y termina en Eminönü.

REHABILITACIÓN DEL CUERNO DE ORO

El Haliç ha sido un puerto seguro durante milenios. Tras su apogeo bizantino y otomano, su atractivo como zona residencial se deterioró en el s. xx y sus barrios cayeron en el abandono. La vía fluvial también sufrió, con una contaminación cada vez mayor. Afortunadamente, iniciativas recientes han mejorado la calidad del agua y han permitido la construcción de parques junto al agua y una línea de tranvía que bordea la costa occidental.

CIRCUITO A PIE

Eyüpsultan, un viaje al pasado

Aunque Eyüpsultan nació en la época bizantina, quedan pocos rastros de su historia inicial. En cambio, es un escaparate de mezquitas, tumbas y edificios públicos construidos por los sultanes otomanos, sus familias y cortesanos. Este circuito pasa por lugares importantes y termina en el café más famoso del Cuerno de Oro.

INICIO	FINAL	DURACIÓN
Feshane Artİstanbul	Café Pierre Loti	2 km; 1 h

1 Fábrica de fez rehabilitada

;e parte del centro cultural **Fes-ıane Artİstanbul,** en Feshane-i ımire, una fábrica imperial del . XIX que fabricaba uniformes para l ejército otomano, incluido el fez, ıdoptado como tocado militar en 827, que da nombre al edificio.

2 Complejo de la mezquita

ˈruzando Yavedut Caddesi se llega l **complejo de la mezquita de ˈal Mahmut Paşa,** de finales lel s. XVI, encargado por un impor-ante cortesano y su esposa Şah ;ultan, hija de Selim II. Consta le una mezquita, dos madrazas, ın *şadırvan* y una *türbe*.

3 Plaza animada

Iay que salir del *külliye* por la ›uerta trasera para acceder a Zal-›aşa Caddesi y girar a la derecha, ›asando por la tumba de Nakkaş Iasan Paşa, un famoso *nakkaş* pintor de miniaturas) otomano, ıntes de cruzar Hz Halid Bulvarı ˈ seguir hasta la **plaza Eyüp Sul-an,** donde grupos de peregrinos e congregan alrededor de las uentes, rodeados de vendedores ımbulantes de recuerdos y dulces.

4 Importante santuario slámico

ıl borde de la plaza está la **mez-ıuita y tumba de Eyüp Sultan,** ːonstruida sobre el supuesto epulcro de Ebu Eyüp el-Ensari, un amigo de Mahoma caído en batalla frente a los muros de Constantinopla mientras portaba el estandarte del islam durante el asalto árabe a la ciudad (674-678).

5 Tumbas gemelas

De vuelta a la plaza, la siguiente parada está en la esquina suroeste de Cami Kebir Sokak, donde hay dos *türbes* del s. XVI diseñadas por Mimar Sinan: la **tumba de Sokullu Mehmet Paşa** y la **tumba de Siyavuş Paşa.**

6 Magnificencia barroca

Hay que seguir por Cami Kebir Sokak y girar a la izquierda hacia Beybaba Sokak. En el cruce de Sultan Reşat Caddesi (también llamada Cülus Yolu), hay una hermosa *sebil* (fuente) de mármol que forma parte del magnífico y barroco **complejo de Mihrişah Valide Sultan,** encargado por la madre del sultán Selim III a finales del s. XVIII. Una vez allí, hay que girar a la izquierda.

7 Té con vistas

Hay que caminar hasta el cruce con Balaban Yolu Sokak y girar a la izquierda para llegar a un camino que sube hasta el Eyüp Sultan Mezarlığı (cementerio del Gran Eyüp) o a la derecha para acceder a un teleférico. El popular **Café Pierre Loti** está en una terraza en la cima de la colina.

EXPERIENCIAS

Tomar un aperitivo en la Pequeña Urfa

BARRIO

En los últimos decenios, los barrios de Laleli y Aksaray, al oeste del barrio del Bazar, se han ganado la reputación de ser el centro del principal barrio rojo de Estambul. Sin embargo, Aksaray tiene más que ofrecer: durante décadas acogió a los inmigrantes del sureste de Turquía, algunos de los cuales han abierto locales de comida de su región. Por eso las calles inmediatamente al norte de la estación de metro de Aksaray se conocen como la **Pequeña Urfa,** en honor a la ciudad fronteriza entre Turquía y Siria. En el área delimitada por Simitçi Şakir Sokak, Sofular Sokak, Ragıp Bey Sokak y Horhor Caddesi hay locales que venden kebab de *ciğer* (hígado), *lahmacun* (*pizza* estilo árabe), *beyran çorbasi* (sopa picante de cordero), *dürüm* (*wrap* relleno de *döner*) y *künefe* (masa rellena de queso dulce, con almíbar y pistacho molido).

Probar los dulces de Fatih

BARRIO

El barrio de **Fatih** es un refugio para los numerosos refugiados sirios que han huido de su país natal, con numerosos restaurantes. En la concurrida Turgut Özal Millet Caddesi (paradas de tranvía de Yusufpaşa y Fındıkzade) se puede tomar un tentempié barato y sabroso. Además de los locales de falafel y *shawarma*, hay tiendas de dulces tradicionales excelentes, como **Zaitoune Sweets** (PLANO: 1 P. 96 **E6**) y **Salloura Oğlu** (PLANO: 2 P. 96 **E6**).

Pasar tiempo con los lugareños

MONUMENTO

El **acueducto de Valente** (PLANO: 3 P. 96 **C6**), de piedra caliza, uno de los puntos de referencia distintivos de la ciudad, se alza majestuoso sobre el tráfico de la concurrida avenida Atatürk. Encargado por el emperador Valente y terminado en 378, unía la tercera y cuarta colinas y transportaba agua desde el norte de la ciudad hasta más de 100 cisternas intramuros. Aunque ya no está en funcionamiento, proporciona un escenario majestuoso para el **Dostlar Çay Evi** (PLANO: 4 P. 96 **C6**) y el **Sirelli Baklava** (PLANO: 5 P. 96 **C6**) en Serdab Sokak, en Zeyrek, ambos con mesas donde los clientes pueden relajarse al sol de la tarde mientras toman *çay* y *baklava*, y juegan al *tabla* (*backgammon*).

Admirar mosaicos y frescos bizantinos

EDIFICIO SIGNIFICATIVO

PLANO: 6 P. 96 **C3**

En Estambul hay muchos monumentos bizantinos, pero pocos tan deslumbrantes como la **iglesia de San Salvador de Cora** (Kariye Camii o Kariye Müzesi), repleta de mosaicos y frescos. Ubicada a la sombra de las monumentales murallas de Teodosio II, se transformó en mezquita durante la era otomana, en museo en 1945 y de uevo en mezquita en el 2020. El edificio era originalmente la iglesia del Santísimo Salvador Extramuros (Cora significa "campo"), porque cuando se construyó estaba fuera de las murallas construidas por Constantino el Grande. Prácticamente toda la decoración interior (los famosos mosaicos y los frescos, menos conocidos, pero igualmente llamativos) data de alrededor de 1320. Reabrió en el 2024 tras una larga restauración. Por desgracia, los tres mosaicos de la nave (ahora una sala de oración a la que solo pueden acceder los hombres musulmanes) han sido cubiertos, pero los de los nártex interior y exterior y los frescos de la capilla lateral aún se pueden ver.

Los no musulmanes deben pagar una entrada costosa y los viernes el acceso está restringido solo a musulmanes.

Relajarse en los baños de Barbarroja HAMAM

PLANO: 7 P. 96 D5

Cerrado durante tanto tiempo que casi se había olvidado su existencia, el **Hamam Zeyrek Çinili** fue minuciosamente restaurado entre el 2010 y el 2023 antes de reabrir. El edificio data de principios del s. XVI y fue diseñado por Mimar Sinan para Barbaros Hayreddin Pasha (el pirata Barbarroja), almirante de la marina otomana. Ahora pertenece al grupo hotelero Marmara, que se ha asegurado de que la restauración sea tan espléndida como se merece este edificio histórico. Los espacios del *hararet* (baño de vapor) son particularmente hermosos, con aberturas en forma de estrella en los techos abovedados y mocárabes de yeso ornamentados en las esquinas. En la sección de hombres, el *soğukluk* (sala fría) cuenta con un techo pintado y una fuente de mármol. Aunque antiguamente estaba revestido con azulejos de İznik (Çinili significa "azulejos"), fueron retirados y vendidos en el s. XIX. Un museo exhibe los azulejos restantes y otros objetos descubiertos durante la restauración.

Visitar la mezquita de Mehmed el Conquistador MEZQUITA

PLANO: 8 P. 96 A4

La **mezquita de Fatih** fue la primera gran mezquita imperial

PATRIMONIO BIZANTINO AMENAZADO

Muchas de las mezquitas otomanas de Estambul han sido restauradas para asegurar su futuro, pero por desgracia no se ha prestado la misma atención a los venerables edificios y monumentos bizantinos. Algunos se encuentran en un estado deplorable (Santa Irene y las murallas de Teodosio son buenos ejemplos), y otros han pasado de ser museos o iglesias a mezquitas, con elementos importantes como los mosaicos cubiertos, dañados o incluso destruidos.

construida en Estambul tras la conquista otomana. Mehmed el Conquistador (Fatih Sultan Mehmed en turco) la ubicó en la cima de la colina donde se hallaban las ruinas de la iglesia de los Apóstoles, lugar de enterramiento de Constantino el Grande y otros emperadores. Mehmed también eligió ser enterrado aquí; su *türbe,* detrás de la mezquita, está siempre llena de fieles.

El *külliye* original, terminado en 1470, era enorme. Con un terreno extenso, incluía 15 establecimientos benéficos como madrazas, un hospicio para viajeros y un caravasar. Muchos aún se mantienen en pie; el más interesante es el *tabhane* con múltiples cúpulas al sureste de la mezquita, cuyas columnas proceden de la iglesia de los Apóstoles. La mezquita actual no es la que construyó Mehmet. La original permaneció en pie casi 300 años antes de derrumbarse durante un terremoto en 1766. La actual, de estilo barroco otomano, se construyó entre 1767 y 1771.

Comprar en el mercado de los miércoles MERCADO CALLEJERO

Los miércoles por la mañana, las calles al noroeste de la mezquita de Fatih acogen el enorme mercado callejero conocido como **Çarşamba Pazarı** (*çarşamba* significa "miércoles", y también es el nombre del barrio). Cientos de puestos venden artículos baratos, como ropa, calzado y menaje de hogar; la calidad puede ser dudosa pero mezclarse con la multitud es divertido. Desde la mezquita, hay que salir del patio delantero amurallado para encontrar una hilera de puestos de zumos frescos y *gözleme* (tortas saladas) recién hechos. Luego hay que sumergirse en el caos, dirigiéndose hacia el norte para llegar a los puestos de productos frescos ubicados en las calles que unen Darüşşafaka y Favzi Paşa Caddesis. El límite norte del mercado es la plaza Yavuz Selim Caddesi, que debe su nombre a la cercana **mezquita de Yavuz Sultan Selim** (PLANO: 10 P. 96 H5), construida entre 1522 y 1529

ESPECIALIDADES DE SİİRT

La provincia y ciudad de Siirt, en el sureste de Turquía, tiene una herencia cultural mixta: a lo largo de los siglos han vivido allí kurdos, árabes, asirios y armenios. Estas influencias han conformado la cocina local, tan distintiva como sabrosa. En los restaurantes en torno al evocador **bazar de las Mujeres** (Kadınlar Pazarı; PLANO: 9 P. 96 C6) en Zeyrek se sirven dos especialidades de Siirt: *büryan* (cordero cocinado a fuego lento) y *perde pılavı* (arroz, pollo, almendras y grosellas envueltos en una masa fina horneada hasta dorarse). Ambos platos se disfrutan mejor con un vaso de *ayran* (bebida de yogur salada) casero y espumoso.

en la cima de la quinta colina del casco antiguo. Su terraza ofrece vistas panorámicas del Cuerno de Oro.

Pasear por las coloridas calles de Balat

BARRIO

El barrio de **Balat,** en el Cuerno de Oro, fácilmente accesible en tranvía desde Eminönü o en ferri desde Karaköy, ha cambiado mucho en los dos últimos decenios. En la época bizantina era un lugar prestigioso, con el Gran Palacio de Blanquerna y el palacio de los Porfirogénetas (también conocido como Tekfur Sarayı) cerca. Después de la conquista, perdió su brillo imperial e inmigrantes de toda Europa comenzaron a establecerse aquí, incluida una gran comunidad de judíos sefarditas procedentes de España. En el s. xx, se convirtió en el primer puerto de escala para muchos inmigrantes pobres del este de Turquía. Ahora revitalizado, las calles de Balat están bordeadas de casas de madera otomanas restauradas con colores brillantes, un imán para los usuarios de Instagram. Hay muchos cafés en Vodina y Yıldırım Caddesis, por lo que es un gran lugar para pasear.

Apreciar una joya en el Cuerno de Oro

IGLESIA

PLANO: 11 P. 96 G2

Hoy en día son normales las casas prefabricadas, pero en 1871, cuando se construyó la **iglesia de San Esteban de los Búlgaros** con piezas de hierro fundido transportadas por el Danubio y el mar Negro desde Viena en 100 barcazas, la idea era extremadamente novedosa. Conocida como la "iglesia de Hierro", se erigió a orillas del Cuerno de Oro y deleitó a los fieles con su hermoso interior, con mamparas, balcones y columnas de hierro dorado. La congregación está formada por miembros del Exarcado Ortodoxo Búlgaro (Iglesia ortodoxa búlgara), que se separó del Patriarcado Ecuménico Ortodoxo griego en 1872.

LA ESTAMBUL GRIEGA

Antes de instaurarse la república, al menos 260 000 habitantes de Estambul (el 30% de la población) se identificaban como de ascendencia griega. Estos residentes, conocidos colectivamente como rûm, hablaban un dialecto griego distintivo y rezaban en iglesias ortodoxas griegas. Hoy en día, solo el 0,1% de la población (unas 2000 personas) se identifican como rûm. Estas familias, muchas arraigadas en la ciudad desde la época bizantina, sobrevivieron al intercambio forzoso de población de 1923 y a los violentos disturbios antigriegos de 1955. El corazón simbólico de su comunidad es el **Patriarcado Ecuménico de Constantinopla** (PLANO: 12 P. 96 H3) en Fener, establecido en 330.

Admirar la obra de Sinan MEZQUITA

PLANO: 13 P. 96 B3

El gran Mimar Sinan dejó su impronta en toda la ciudad. La elegante **mezquita de Mihrimah Sultan,** construida en la década de 1560 junto al tramo de Edirnekapı de las murallas históricas, es una de sus mejores obras. La mezquita, que se construyó en el punto más alto del casco antiguo, fue encargada por Mihrimah, hija de Solimán el Magnífico, y cuenta con un interior luminoso y aireado con delicadas vidrieras y una inusual lámpara de araña en forma de "jaula de pájaros". Los restos del *külliye* incluyen un *hamam* todavía activo.

Caminar junto a las murallas de Constantinopla MURALLAS DE LA CIUDAD

Las monumentales murallas de Constantinopla se completaron en dos fases durante el reinado de Teodosio II (408-450) y protegieron lo que hoy se conoce como el casco antiguo de los invasores durante un milenio antes de que las tropas de Mehmed II las penetraran en 1453. En la actualidad, gran parte de la estructura restante de la muralla se encuentra en un estado lamentable, pero es posible hacerse una idea del aspecto de este enorme proyecto de ingeniería en Edirnekapı, donde se ha conservado y restaurado un tramo. Desde Edirnekapı, hay que seguir las murallas hasta el caparazón restaurado del palacio de los Porfirogénetas, también conocido como **Tekfur Sarayı** (PLANO: 14 P. 96 D2), un palacio bizantino del s. XIII. Desde allí, es fácil caminar cuesta abajo hasta la parada de tranvía e *iskele* de Ayvansaray, o hasta Balat.

MIHRIMAH SULTAN

Muchas madres, esposas e hijas de sultanes otomanos fueron filántropas notables, y donaron los edificios que adornan el paisaje urbano. Una de ellas fue Mihrimah, hija de Solimán el Magnífico, recordada por donar dos edificios emblemáticos: las mezquitas de Mihrimah Sultan en Edirnekapı y Usküdar. Ambas fueron diseñadas por Mimar Sinan, quien se dice que demostró su amor no correspondido por Mihrimah a través de un truco de diseño: cuando el sol se pone detrás de la mezquita en Edirnekapı, la luna sale detrás de la otra, haciendo referencia al nombre de Mihrimah, que significa "sol y luna" en farsi.

Lo mejor para...

€ Económico €€ Medio €€€ Alto

Localizaciones en el plano de la p. 96

Comer

Cocina regional

Akdenız Hatay Sofrası €€
15 E6
Enorme restaurante sirio conocido por sus *meze*, kebabs de un metro de largo y *tuzda tavuk* y tuzda kuzu (pollo o cordero cocinados a fuego lento en costra de sal). No sirve alcohol. *10.00-23.30*

Siirt Şeref Büryan Kebap €€
16 C6
Este local cercano al bazar de las Mujeres en Zeyrek sirve especialidades de Siirt, *büryan* y *perde pılavı*. No se sirve alcohol. *10.00-22.30 lu-do*

Sur Ocakbaşı €€
17 C6
Local popular en el bazar de las Mujeres para disfrutar de un kebab viendo a la gente pasar. No se sirve alcohol. *10.00-24.00 do y lu, 10.00-1.00 ma-sa*

Locales en Balat

Falafel Köy €
18 F1
Lugar popular en Ayvansaray que sirve *wraps* y platos de falafel baratos y deliciosos. *13.00-20.30 lu, 13.00-22.00 ma-do*

Forno €€
19 G3
Cafetería elegante que sirve *lahmacun, pides* y *pizzas* cocinadas en horno de piedra. El *brunch* del fin de semana es muy popular. *9.00-22.00*

Primi €€
20 H3
Este elegante local tiene ambiente de café, pero sirve comida, como excelentes pastas y ensaladas. *9.30-21.00 ju-ma*

Agora 1890 Meyhanesi €€
21 F2
Acogedora *meyhane* (taberna) en Mürselpaşa Caddesi que sirve *meze* y mariscos. *13.00-24.00*

Beber

Coffee Department
22 F2
Este local de Balat sirve el mejor café del Cuerno de Oro. *9.00-18.00 lu-vi, 9.00-19.00 sa y do*

Velvet Cafe
23 G3
Cafetería peculiar en Balat, decorada con objetos de segunda mano. Los desayunos tranquilos en el patio son un placer. *10.00-17.00 ma, 9.30-18.00 mi-do*

Kaffa Miro
24 G3
Bonita cafetería en Vodina Caddesi con ambiente bohemio. *9.00-20.00 ma-do*

Mihmandar Pastahanesi & Restaurant
25 C1
Cerca de la mezquita de Eyüp Sultan, esta pastelería y restaurante es perfecta para tomar té, café o almorzar. *8.00-22.00 ma y mi, 6.00-18.00 ju-do*

Sugerencias de lugares para comer, beber y comprar en **p. 135**

Explora
Beyoğlu y alrededores

Beyoğlu, centro del ocio y la restauración de alto nivel de la ciudad, es el lugar al que acuden visitantes y lugareños en busca de buenos cafés, restaurantes y bares, así como salas de conciertos y discotecas. Alrededor del gran bulevar de İstiklal Caddesi, es una mezcla de distritos residenciales bohemios como Gálata, Çukurcuma y Cihangir, enclaves de ocio animados como Asmalımescit y zonas de riqueza histórica como Karaköy, donde la antigua área portuaria ha sido revitalizada gracias al desarrollo de Galataport. Aunque carece de monumentos históricos, esta parte de la ciudad abunda en galerías de arte y centros culturales, la mayoría creada y financiada por los principales bancos y empresas turcos.

Cómo desplazarse

Tranvía

La mejor manera de llegar a Beyoğlu desde el casco antiguo es en tranvía (dirección: Kabataş). Hay que bajar en Karaköy para ir a Gálata, Tünel y Asmalımescit; en Tophane para ir a Çukurcuma y Galatasaray; y en Kabataş para Taksim y Cihangir. Hay una caminata empinada desde las paradas del tranvía hasta İstiklal Caddesi y la plaza Taksim; los funiculares de Karaköy y Kabataş suben y bajan.

Metro

La línea de metro M2 conecta Şişhane, cerca de Tünel y Gálata, con la plaza Taksim y continúa más al norte, parando en Osmanbey (hacia Bomonti y Nişantaşı).

Torre de Gálata (p. 128).

★

LO MEJOR

Sumergirse en la **GALERÍA DE ARTE** İstanbul Modern (p. 114).

Adentrarse en el **BARRIO COMERCIAL** de Çukurcuma (p. 124).

Experimentar la **VIDA NOCTURNA** en Sofyalı Sokak (p. 124).

Recargar energías en el **HAMAM** de Kılıç Ali Paşa Hamamı (p. 126).

Visitar el **MUSEO** de la Inocencia (p. 118).

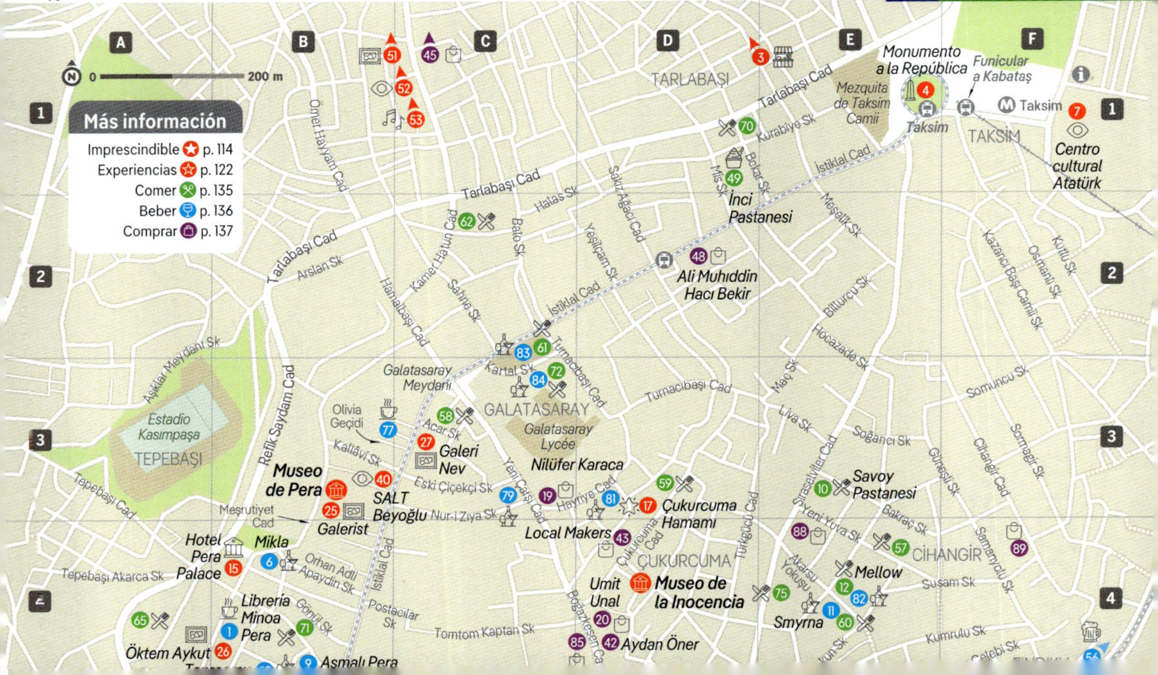
Más información
Imprescindible p. 114
Experiencias p. 122
Comer p. 135
Beber p. 136
Comprar p. 137
0
200 m
A
B
C
D
E
F
1
2
3
4
TARLABAŞI
Monumento a la República
Funicular a Kabataş
Mezquita de Taksim Camii
Taksim
TAKSIM
Centro cultural Atatürk
Tarlabaşı Cad
Kurabiye Sk
İstiklal Cad
Bekar Sk
Mis Sk
İnci Pastanesi
Meşelik Sk
Kazancı Başı Camii Sk
Osmanlı Sk
Kutlu Sk
Ömer Hayyam Cad
Halas Sk
Sakız Ağacı Cad
Yeşilçam Sk
Ali Muhıddin Hacı Bekir
Arslan Sk
Kamer Hatun Cad
Balo Sk
Sahne Sk
Hamalbaşı Cad
Bilturcu Sk
Hocazade Sk
Somuncu Sk
Aşıklar Meydanı Sk
Estadio Kasımpaşa
TEPEBAŞI
Tepebaşı Cad
Refik Saydam Cad
Galatasaray Meydanı
Kartal Sk
Turnacıbaşı Cad
GALATASARAY
Galatasaray Lycée
Maç Sk
Liva Sk
Soğancı Sk
Güneşli Sk
Cihangir Cad
Sormagir Sk
Olivia Geçidi
Acar Sk
Kallâvi Sk
Galeri Nev
Eski Çiçekçi Sk
Yeni Çarşı Cad
Nilüfer Karaca
Hayriye Cad
Çukurcuma Hamamı
Sıraselviler Cad
Savoy Pastanesi
Museo de Pera
SALT Beyoğlu
Nur-i Ziya Sk
Meşrutiyet Cad
Galerist
Local Makers
Çukurcuma Cad
Turgucü Cad
Yeni Yuva Sk
Bakraç Sk
Samanyolu Sk
CİHANGİR
Hotel Pera Palace
Mikla
Orhan Adli Apaydın Sk
Tepebaşı Akarca Sk
ÇUKURCUMA
Umit Unal
Museo de la Inocencia
Akarsu Yokuşu
Mellow
Susam Sk
Librería Minoa Pera
Gönül Sk
Postacılar Sk
Tomtom Kaptan Sk
Boğazkesen Cad
Aydan Öner
Smyrna
Kumrulu Sk
Çelebi Sk
Öktem Aykut
Aşmalı Pera

Aheste
Salon İKSV
TÜNEL
Şişhane
Türk-Alman Kitabevi Cafe
Tünel (estación superior)
Refik Saydam Cad
Kumbaracı Yokuşu
Camcı Fevzi Sk
TOMTOM
Karabaş Deresi Sk
Karabaş Cad
Boğazkesen Cad
TOPHANE
Batarya Sk
Sanatkarlar Cad
Meclis-i Mebusan Cad
Véase ampliación "Nişantaşı y Harbiye" (2,5km)
GALATAPORT
Mezquita de Nusretiye
Museo de Pintura y Escultura de Estambul
Populist
Tophane
Tophane-i Amire
Kılıç Ali Paşa Hamamı
İstanbul Modern
Museo de los Judíos Turcos
Büyük Hendek Cad
Küçük Hendek Sk
Galipdede Cad
Serdar-ı Ekrem Cad
Ali Hoca Sk
Okçu Musa Cad
Laleli Çeşme Sk
Torre de Gálata
Tatar Beyi Sk
Lüleci Hendek Cad
Kemeraltı Cad
Necatibey Cad
Ali Paşa Değirmeni Sk
Bey
Kılıç Ali Paşa Sk
Denizciler Sk
Nardis Jazz Club
Karaköy Güllüoğlu
Mezquita Árabe
Kuledibi (Galata Kulesi) Sk
GALATA
Hoca Tahsin Sk
Mumhane Cad
Kemankeş Cad
Banker Sk
Bankalar Cad
Escalera Camondo
SALT Galata
Neolokal
Maliye Cad
KARAKÖY
Mabel Çikolata
Gümrük Sk
Tersane Cad
Kürekçiler Cad
Billur Sk
Tünel (estación inferior)
Karaköy Cad
Karaköy
Rüstem Paşa Han
Karaköy Meydanı
Rıhtım Cad
Estrecho del Bósforo (Boğaziçi)
Cuerno de Oro (Haliç)
Puente de Gálata
Ampliación Nişantaşı y Harbiye
0
400 m
Mahir Lokantası
NIŞANTAŞI
Ergenekon Cad
Adana Ocakbaşı
Halaskargazi Cad
Valikonağı Cad
Teşvikiye Cad
Beymen
Hünkar
Vakko
Dolapdere Cad
Cumhuriyet Cad
Gümüş Sk
Teatro al aire libre Cemil Topuzlu
Parque Maçka
Abdi İpekçi Cad
HARBIYE
A
B
C
D
E
F
5
6
7
8

★ IMPRESCINDIBLE

İstanbul Modern

El primer museo de arte moderno y contemporáneo de Turquía reabrió en el 2023 en un edificio de espectacular diseño junto al Bósforo. Alberga una extensa colección de arte turco y propone un dinámico programa de exposiciones con artistas locales e internacionales.

PLANO: P. 112 **E6**

CONSEJO
Los jueves la entrada es gratuita para los residentes de Turquía, por lo que el museo puede estar muy concurrido.

Escanea este código QR para más información sobre el horario y el precio de las entradas.

El edificio

El edificio, erigido en el histórico recinto portuario de Karaköy, fue diseñado por el arquitecto italiano Renzo Piano. Inspirado en la luz del Bósforo que se refleja de manera mágica en los edificios situados junto al agua, el diseño de Piano presenta enormes paneles de vidrio que hacen que la luz entre en cada piso. La planta baja es totalmente transparente, lo que permite la fusión del agua con el parque Tophane, frente al edificio. Para reforzar la atmósfera luminosa y diáfana que proporciona el generoso uso del vidrio, hay una amplia escalera en el centro suspendida en un gran vacío.

El punto culminante es una terraza panorámica en la azotea sobre un estanque reflectante poco profundo que cubre todo el techo. Hay vistas maravillosas desde ahí, imprescindibles.

Colección permanente

Ubicada en varios espacios del 2º piso, la colección permanente se centra en pintura, fotografía y arte digital y de técnica mixta. Entre los vídeos recomendables figuran *Beyrut* (2005) de Hale Tunger, *Şarkı Söyleyebilirim* (2008) de Ferhat Özgür y *Road to Tate Modern* (2003) de Şener Özmen y Erkan Özgen.

La colección de pintura y fotografía incluye obras importantes de destacados artistas turcos, como İhsan Cemal Karaburçak (1897-1970), Nuri

BERK OZDEMIR/SHUTTERSTOCK ©

yem (1915-2005), Cihat Burak (1915-1994), Avni Arbaş (1919-2003), Orhan Peker (1927-1978), Ara Güler (1928-2018), Erol Akyavaş (1932-1999) y Selma Gürbüz (1960-2021). Los pintores y fotógrafos contemporáneos están bien representados, con obras de Azade Köker (n. 1949), Murat Akagündüz (n. 1970), İhya Bozkurt (n. 1977), Ardan Özmenoğlu (n. 1979) y Tunca (n. 1982).

Otros atractivos

Varios espacios están dedicados a exposiciones temporales y una **galería de fotografía** en la 1ª planta alberga exposiciones periódicas.

Un auditorio en el sótano alberga el **cine,** que exhibe cortos y largometrajes contemporáneos de directores turcos e internacionales. La **tienda** de la planta baja es un excelente lugar para comprar recuerdos y regalos de calidad. Además de una gran variedad de libros y carteles, hay artículos de papelería, rompecabezas, juguetes, menaje del hogar, camisetas, accesorios y joyas.

UNA PAUSA
El Restaurant Modern, en la misma galería, es perfecto para almorzar; su terraza tiene una vista magnífica del agua y el casco antiguo. También hay una cafetería.

★ IMPRESCINDIBLE

Museo de Pera

Ubicada en un gran edificio neoclásico que en su día fue un hotel de lujo esta galería privada es conocida por su magnífica colección de pinturas orientalistas, representaciones romantizadas de Turquía y Oriente de artistas de los siglos XVIII y XIX.

PLANO: P. 112 **B3**

CONSEJO
Entrada gratuita para estudiantes todos los miércoles y para todos los visitantes los viernes de 18.00 a 22.00. El museo está asociado con el cercano İstanbul Arastırmaları Enstitüsü, que cuenta con una biblioteca de investigación y un espacio para exposiciones.

Escanea este código QR para más información sobre horarios y precios.

Colección permanente

Hay mucho que ver en este impresionante museo, pero su principal atractivo es, sin duda, su **colección de pintura orientalista.** Estas obras, que ofrecen una visión fascinante del mundo otomano desde el s. XVII hasta el XX, se exhiben en exposiciones temáticas que se renuevan periódicamente: representaciones de la antigua Estambul, retratos de cortesanos de la corte otomana o escenas de la vida cotidiana en el harén imperial.

Otras galerías albergan exposiciones permanentes: no hay que perderse la sala dedicada a la vida y obra del pintor, arqueólogo y director del museo Osman Hamdı Bey (1842-1910), creador de la pintura más querida del canon turco, *El domador de tortugas* (1906), que forma parte de la colección. También es fascinante la exposición "Mundos entrecruzados", con retratos de embajadores y obras de artistas que visitaron Turquía entre los ss. XVII y XIX. Muchas de ellas muestran la visión exótica del mundo otomano que prevalecía en Occidente en esa época.

También hay galerías dedicadas a la extensa e impresionante **colección de azulejos y cerámica de Kütahya** y a la igualmente impresionante, aunque un tanto esotérica, **colección de pesos y medidas de Anatolia.** La exposición permanente *Coffee Break*, que muestra los accesorios de cerámi-

THEFINALUP/SHUTTERSTOCK ©

ca utilizados en la preparación del café en el Imperio otomano, es especialmente interesante.

Otras exposiciones

Las plantas superiores del museo albergan exposiciones temporales de alto nivel de artistas turcos e internacionales. Entre los expuestos en el pasado figuran Paula Rego, Etel Adnan, José Sancho, Giorgio de Chirico, Katherine Behar, Cecil Beaton, Alberto Giacometti y Grayson Perry.

El museo también es sede de las prestigiosas Bienales de Arte y Diseño de Estambul.

Pera Film

El auditorio del museo alberga un programa mensual de cine clásico y experimental turco e internacional, animación, documentales, cortometrajes y videoarte. Más información en la web.

UNA PAUSA
El Pera Café, en la planta baja, es un espacio confortable con decoración *art déco* que recuerda que el edificio originalmente albergó el elegante Hôtel Bristol.

★ IMPRESCINDIBLE

Museo de la Inocencia

Este singular proyecto, más una obra conceptual que un museo, fue comisariado, realizado y financiado por el novelista ganador del Premio Nobel Orhan Pamuk como una extensión de su novela homónima del 2009. No es imprescindible haber leído la novela, aunque obviamente enriquecerá la experiencia.

PLANO: P. 112 **D4**

CONSEJO
El museo tiene varias plantas y no hay ascensor, por lo que no es accesible para personas con problemas de movilidad. Los visitantes que lleven una copia impresa de la novela *El museo de la inocencia* pueden entrar gratis.

Escanea este código QR para más información sobre horarios y precios.

El museo

El museo está ubicado en una casa del s. XIX en Çukurcuma y expone objetos que evocan la vida en Estambul a mediados y finales del s. XX, cuando se desarrolla la novela de Orhan Pamuk. Las vitrinas, que recuerdan la obra del artista estadounidense Joseph Cornell, están llenas de ropa, accesorios, vajilla, fotografías y muchos otros objetos que forman una hermosa narrativa visual de los ocho años de relación amorosa entre Kemal y Füsun, los protagonistas de la novela. La idea del museo es que todos los objetos han sido tocados por Füsun en algún momento y que Kemal los ha coleccionado obsesivamente como recuerdos de su amor. Algunas piezas, en particular la instalación que utiliza 4213 colillas de cigarrillos, son tan extrañas como poderosas.

El "Modesto manifiesto por los museos" de Pamuk se reproduce en un panel en la planta baja. En él afirma: "Los recursos que se destinan a museos monumentales y simbólicos deberían derivarse hacia otros más pequeños que cuenten la historia de los individuos". Los individuos en este caso son ficticios, por supuesto, y su historia se evoca de una manera muy nostálgica, pero en este proyecto Pamuk ha investigado con éxito el significado psicológico del proceso de coleccionismo y el

ATTICA/SHUTTERSTOCK ©

papel de los objetos materiales como metáforas de cualidades intangibles, como las emociones y los recuerdos. Es un logro extraordinario y fascinante.

Orhan Pamuk

El escritor turco Orhan Pamuk (n. 1952), Nobel de Literatura en el 2006, ha escrito hasta la fecha 11 novelas, entre las que se cuentan *Mi nombre es rojo* (1998), *Nieve* (2002), *Una sensación extraña* (2015), *La mujer del pelo rojo* (2016) y *Las noches de la peste* (2022). En el 2005 publicó unas memorias, *Estambul: ciudad y recuerdos,* sobre su ciudad.

El documental del 2015 de Grant Gee *Innocence of Memories: Orhan Pamuk's Museum and Istanbul,* narrado por el propio Pamuk, se desarrolla en el museo y en los escenarios de la novela.

UNA PAUSA
Cerca del museo está uno de los mejores cafés de la ciudad, Cuma, donde se puede tomar café y tarta casera o disfrutar de un almuerzo informal pero delicioso. Las cenas son más formales.

CIRCUITO A PIE

Galerías y templos en İstiklal Caddesi

El bulevar principal de Beyoğlu, llamada en su día Grand Rue de Pera, es una metáfora perfecta de la Turquía del s. XXI, una mezcla fascinante de modernidad y tradición. Este paseo comienza en la plaza Taksim, el corazón de la ciudad moderna, y pasa por los principales lugares de interés de İstiklal.

INICIO	FINAL	DURACIÓN
Plaza Taksim	Plaza Tünel	1,5 km; 30 min

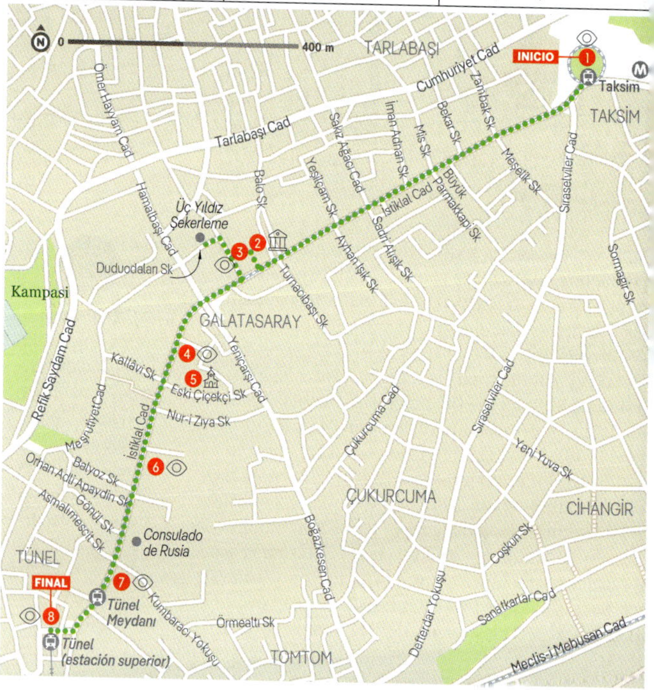

1 Lugar de encuentro
Se sale de la **plaza Taksim** (p. 122), donde se encuentran el centro cultural Atatürk, la reciente mezquita de Taksim y el Cumhuriyet Anıtı (Monumento a la República). El parque Gezi, centro de las protestas antigubernamentales del 2013, bordea la plaza al norte.

2 Galería histórica
Hay que seguir las vías del tranvía que bajan por İstiklal hasta el encantador **Çiçek Pasajı** (Pasaje de las Flores) a la derecha, en la planta baja del edificio Cité de Pera, de 1876. Construido como galería comercial, es uno de los muchos *pasajıs* del s. XIX que adornan el bulevar. Ahora alberga *meyhanes* (tabernas).

3 Mercado de pescado
Junto al Çiçek Pasajı se halla el histórico **Balık Pazarı** ("lonja de pescado"). Aunque la mayoría de los puestos ha desaparecido en los últimos años, quedan algunas tiendas antiguas en Duduodaları Sokak, en el lado izquierdo (sur), como Üç Yıldız Şekerleme, un local de dulces, en el nº 7.

4 Edificio de apartamentos reformado
Tras cruzar Yeniçarşı Caddesi se pasa por el gran **Mısır Apartmanı** ("apartamento egipcio") en el nº 163, construido en 1910 y que ahora alberga galerías de arte comerciales de gran prestigio y el famoso bar 360 en la azotea.

5 Iglesia católica
Más adelante se encuentra la **basílica católica de San Antonio,** de estilo neogótico, construida entre 1906 y 1911 para los miembros de la comunidad italiana de Estambul. Cuenta con la congregación católica más grande de la ciudad.

6 Consulado neerlandés
Más al sur está el **consulado general de los Países Bajos,** un hermoso edificio renovado en 1854 por los hermanos Fossati, nacidos en Suiza, autores de muchos edificios para el sultán Abdulmecit I. El siguiente edificio importante es el **consulado de Rusia,** un gran edificio de 1837 también diseñado por los Fossati.

7 Joya 'art-nouveau'
La siguiente parada es la **Casa Botter,** un edificio *art-nouveau* diseñado por el arquitecto italiano Raimondo D'Aronco para Jean Botter, sastre neerlandés de los sultanes. Recientemente renovado, alberga un centro cultural.

8 Pasaje pintoresco
İstiklal termina a poca distancia, en la plaza Tünel, donde el **Tünel Geçidi,** un edificio de apartamentos y acogedor *pasajı* de 1886, alberga bares y cafés.

EXPERIENCIAS

Descansar en un refugio literario

CAFÉS-LIBRERÍA

En Estambul hay muchos lectores apasionados, como demuestra la cantidad de librerías de la ciudad, y también son devotos de la cultura del café. Por lo tanto, no sorprende que se hayan combinado estas dos pasiones y haya cafés-librería por toda la ciudad, como la **librería Minoa Pera** (PLANO: 1 P. 112 B4) en Asmalımescit y el **Türk-Alman Kitabevi Cafe** ("café-librería Turco-Alemán"; PLANO: 2 P. 112 **B5**) en İstiklal Caddesi.

Minoa tiene dos plantas con libros (algunos en inglés), una cocina acristalada y dos espacios de cafetería. El interior es llamativo, sobre todo la escalera con peldaños decorados como estantes repletos de libros y otros elementos, como la lámpara adornada con libros, tan extravagantes como elegantes.

El Türk-Alman Bookshop Cafe abrió en 1955, pero su cafetería es más reciente. Estudiantes, expatriados y lugareños con inclinaciones literarias frecuentan la 1ª planta, especialmente en los meses más fríos, atraídos por la chimenea, los sofás y el *jazz* que suena de fondo.

De compras en Tarlabaşı

MERCADO CALLEJERO

PLANO: 3 P. 112 **E1**

El barrio de **Tarlabaşı** se extiende cuesta abajo desde el bulevar homónimo, que forma el límite occidental de Beyoğlu, hasta otro bulevar muy transitado, Irmak Caddesi, en Dolapdere. Tradicionalmente habitado por *rom* (romanís), se convirtió en un popular destino de inmigrantes kurdos del sureste de Turquía en la década de 1990. Los promotores han detectado el potencial del barrio y muchos residentes de larga duración están siendo desalojados de sus hogares. Por suerte, lo que no ha cambiado es el **mercado callejero dominical,** un evento extenso, ruidoso y concurrido con precios bajos y gran variedad de productos. El mercado abre alrededor de las 8.00 y los puestos cierran a última hora de la tarde. Hay que ir a Turan Caddesi desde Taksim y seguir la multitud de compradores para llegar al núcleo del mercado.

Conocer el corazón de la Turquía moderna

PLAZA

PLANO: 4 P. 112 **E1**

La plaza Taksim, que debe su nombre al *taksim* (depósito de agua) de piedra del s. XVIII de su lado occidental, se ha cerrado al tráfico en los últimos años y se ha cubierto de feos adoquines de hormigón. La plaza, escenario de las protestas del 2013, está muy vigilada por la policía y es mejor evitarla durante las manifestaciones. Entre sus principales estructuras figuran un **monumento** de 1928 que conmemora la guerra de Independencia y la fundación de la **República Turca,** una fea mezquita moder-

...a situada detrás del *taksim* y el centro cultural Atatürk, bastante más atractivo.

Disfrutar de un festín junto al fuego

RESTAURANTES

En general, los turcos consumen mucha carne. La ternera, el cordero, el carnero, el hígado y el pollo se preparan de diversas maneras y se comen en casa, en un *kebapçı* (restaurante de kebab) o en un *köfteci* (restaurante de albóndigas). El tipo de *kebapçı* más popular es el *ocakbaşı*, un local en el que una parrilla cubierta ocupa un lugar destacado en el comedor y donde los clientes pueden ver cómo se asan las carnes a la perfección sobre las brasas. Hay muchos *ocakbaşı* en Beyoğlu y sus alrededores, entre ellos **Zübeyir** (p. 136) en Taksim y **Adana Ocakbaşı** (PLANO: 5 P. 112 **E7**) en Kurtuluş. Y, aunque no sea estrictamente un *ocakbaşı* porque los comensales no pueden sentarse alrededor de la parrilla, **Antiochia** (p. 136), en Asmalımescit, sirve las mejores carnes a la parrilla. Su *şiş et* (kebab de solomillo de ternera) es especialmente delicioso.

Relajarse en un bar de azotea

BARES

PLANO: 6 P. 112 **B4**

Los bares de azotea, antes poco comunes, ahora son omnipresentes en Beyoğlu. No es de extrañar, ya que pocos lugares en el mundo ofrecen vistas tan espectaculares. Los edificios de varias plantas en las colinas y crestas del barrio albergan locales que van desde elegantes coctelerías hasta desaliñados cafés de narguile. Quizás la mejor vista sea la de **Mikla,** un bar que solo abre en verano en la azotea del Maramara Hotel Pera, en Asmalımescit. Es uno de los muchos bares y restaurantes de hoteles con vistas panorámicas del barrio; las ubicaciones más altas son mejores, porque las vistas desde los edificios junto al agua pueden verse oscurecidas cuando los grandes cruceros están amarrados en el Bósforo.

CENTRO CULTURAL ATATÜRK

Este emblemático **centro cultural** (PLANO: 7 P. 112 **F1**), un edificio modernista muy admirado diseñado por el arquitecto Hayati Tabanlıoğlu y construido en 1969 en la plaza Taksim, estuvo amenazado de demolición en el 2013. Se salvó gracias a una protesta pública y recientemente se renovó y amplió según un diseño del aclamado arquitecto Murat Tabanlıoğlu, hijo del arquitecto original. Se conservó la icónica fachada, toda ella en vidrio enmarcado por una reja de metal, y se añadió una sala de ópera con capacidad para 2000 personas a la que se entra por un globo con forma de túmulo revestido de azulejos de color rojo brillante. También hay una espectacular biblioteca, un cine, cafés y un restaurante en la azotea.

Recorrer las tiendas de antigüedades de Çukurcuma BARRIO

Çukurcuma es uno de los barrios más atractivos de Beyoğlu, con cafés y tiendas repartidos entre las casas del s. XIX que bordean sus estrechas y sinuosas calles. Para conocer las tiendas de antigüedades que dan fama al barrio hay que ir a Faik Paşa Caddesi y al tramo superior de Çukurcuma Caddesi. Las tiendas de diseño ocupan el tramo inferior, bajando hacia Tophane.

De bares por Beyoğlu ZONA DE BARES

Hay cientos de bares en Beyoğlu, y las principales zonas en torno a İstiklal Caddesi son Nevizade y Sofyalı Sokak. Estas calles albergan una mezcla de *meyhanes* y bares de calle y están especialmente concurridas los viernes y sábados por la noche. Las multitudes se concentran en las calles peatonales, la música suena a todo volumen y hay un ambiente de fiesta. En Sofyalı Sokak, hay que ir a **Parantez** (PLANO: 8 P. 112 **B5**) o **Asmalı Pera** (PLANO: 9 P. 112 **B4**) para cerveza o **Beyoğlu Şaraphanesi** (PLANO: véase 9 **B4**) para vino. En Nevizade, los bares son mejores opciones que los *meyhanes,* que sirven comida.

Ir a una institución de Cihangir CAFÉ

PLANO: 10 P. 112 **E3**

En Estambul hay muchos locales que han alcanzado el estatus de icono y, sin duda, el **Savoy Pastanesi** es uno de ellos. Esta panadería y cafetería, situada en la colina de la plaza Taksim, se fundó en 1950 y es famosa por sus deliciosos pasteles (especialmente el cremoso milhojas), pudines de leche, galletas y *böreks* (pasteles salados rellenos). Desde la planta superior o la terraza se puede observar el bullicio callejero.

Saborear cocina turca moderna RESTAURANTES

Comer en el casco antiguo puede ser, en el mejor de los casos, decepcionante; es mejor ir a Beyoğlu, aunque el alojamiento esté en Sultanahmet. La enorme variedad de restaurantes de este lado del puente de Gálata satisface todos los gustos y presupuestos: es tan

ENCLAVE DE EXPATRIADOS

En Estambul hay una gran comunidad de expatriados, y muchos viven en el barrio de Cihangir, en Beyoğlu. Su reputación como zona de ocio, así como su situación elevada, que otorga a muchos de sus bloques de apartamentos magníficas vistas al Bósforo, hacen de Cihangir una de las zonas más cosmopolitas de la ciudad. El epicentro es Akarsu Yokuşu, repleta de bares, cafés y restaurantes informales. Los favoritos desde hace tiempo son **Journey** (p. 135), Geyik (p. 137), **Smyrna** (PLANO: 11 P. 112 **E4**) y **Mellow** (PLANO: 12 P. 112 **E4**).

.cil conseguir un sabroso kebab *pide* como disfrutar de un menú egustación *gourmet* creado por un ran chef. Los amantes de la buena esa deben probar dos restauran-s: **Neolokal** (PLANO: 13 P. 112 **B7**) y **heste** (PLANO: 14 P. 112 **B5**), ejemplos e la cocina turca moderna. Aheste frece menús degustación y a la arta asequibles con una mezcla de pciones vegetarianas, marisco y arne; Neolokal ofrece dos menús e degustación caros, uno de ellos egetariano. Ambos restaurantes enen interiores elegantes, como el heste, de iluminación pintoresca, el Neolokal, con vistas espectacu-ıres del Cuerno de Oro y el casco ntiguo.

omar el té en l Pera Palace

HOTEL HISTÓRICO

LANO: 15 P. 112 **B4**

l hotel con más historia de Tur-uía, el **Pera Palace,** ha tenido nuchos huéspedes ilustres desde u apertura en 1892. Por ejemplo, gatha Christie, que escribió *Ase-inato en el Orient Express* en la abitación 411, o la seductora espía de la I Guerra Mundial Mata Hari, que sin duda frecuentaba el elegante bar con preciosas vidrieras y excelentes oportunidades para escuchar a escondidas. Para unirse a ellos sin alojarse, se puede reservar una mesa para el té de la tarde que se ofrece en el salón Kubbelli de estilo morisco, el espacio más grande y elegante del edificio. Los huéspedes disfrutan de un pianista en directo y un bufé de delicias como bocadillos, pasteles, galletas y bollos. La copa de *prosecco* es opcional.

Aprender sobre la cultura judía local

MUSEO

PLANO: 16 P. 112 **A6**

El **Museo de los Judíos Turcos,** en un edificio anexo a la sinagoga Neve Shalom, cerca de la torre de Gálata, abrió en el 2001 para conmemorar el 500 aniversario de la llegada de los judíos sefardíes al Imperio otomano. La colección interactiva, organizada cronológicamente y cuidadosamente seleccionada, incluye fotografías, vídeos, grabaciones de sonido

ESTAMBUL JUDÍA

La comunidad judía de Estambul, con una base inicial pequeña, aumentó gracias a los miles de judíos que encontraron refugio aquí tras ser expulsados de España a finales del s. XV. Al final del Imperio otomano, había decenas de miles de judíos turcos en la ciudad. Pero después de los "impuestos a la riqueza" por motivos raciales en la década de 1940 y la violencia contra judíos y otras minorías en la década de 1950, muchos emigraron a Israel. Hoy en día, unos 14 500 judíos viven en Turquía, la mayoría en Estambul. Hay 16 sinagogas activas en la ciudad; para visitarlas, véase jewish-europe.net/turkey/en/synagogue.

y objetos que documentan la historia, el idioma y la cultura de los judíos en Turquía. La colección incluye prendas ceremoniales con influencia turca otomana, incluida una *hanukiah* (*menorá* hecha especialmente para Janucá) del s. XIX con forma de minarete. También destaca una sección sobre el idioma ladino (judeoespañol) con grabaciones musicales.

La seguridad se toma muy en serio y todos los visitantes deben mostrar el pasaporte.

Visitar unos baños de barrio

HAMAM

PLANO: 17 P. 112 D3

Los barrios residenciales de Beyoğlu siempre han albergado activos baños turcos. Esenciales para la higiene en una época en la que los baños domésticos eran la excepción, estas instalaciones no eran tan grandiosas como los baños imperiales del casco antiguo, pero tenían cúpulas, fuentes y espacios revestidos de mármol. Un buen ejemplo es el recientemente restaurado **Çukurcuma Hamamı,** que data de 1831, con un baño mixto, un pequeño *camekan* (vestíbulo) y salas de masajes en la planta superior. El *hamam* es atípico porque es mixto y hombres y mujeres utilizan el espacio al mismo tiempo. Es obligatorio el uso de bañador (parte superior e inferior para las mujeres, inferior para los hombres).

Ver el 'hamam' de un almirante

HAMAM

PLANO: 18 P. 112 D6

En contraste con el modesto Çukurcuma Hamamı, el maravilloso **Kılıç Ali Paşa Hamamı** de Karaköy, diseñado por Mimar Sinan en 1580, fue encargado por el almirante otomano que le da nombre. Nacido en Italia, Kılıç Ali Paşa fue capturado por la marina otomana a una edad temprana y obligado a trabajar como esclavo en una galera. Después de participar en varias batallas, se convirtió al islam, cambió su nombre a Uluç ("el Grande") y pronto estuvo al mando de su propia galera. Fue uno de los piratas más audaces del Mediterráneo, recibió el título honorífico de Kılıç ("la Espada") y fue nombrado almirante jefe de la flota otomana tras distinguirse en la batalla de Lepanto de 1571. Los tratamientos aquí se distinguen porque los masajes se reciben sentado. El *hamam* está abierto para las mujeres de 8.00 a 16.00 y para los hombres de 16.45 a 23.30.

Pasear por Galataport

RECINTO

Galataport, uno de los mayores proyectos de renovación urbana llevados a cabo en Estambul en los últimos decenios, ha cosechado tanto apoyo como críticas de los lugareños. Afecta a una gran extensión de tierra a orillas del Bósforo en Karaköy e incluye una terminal de cruceros con instalaciones subterráneas de tránsito de pasajeros,

·l İstanbul Modern (p. 114), el Museo de Pintura y Escultura de Estambul (İRHM), una plaza pública con la **mezquita de Nusretiye Victoria**) (PLANO: 22 P. 112 **E5**) del s. XIX como telón de fondo y que incorpora la torre del reloj **Tophane-i Amire** (PLANO: 23 P. 112 **E6**), edificios de oficinas de varias plantas, tiendas, restaurantes y cafés. Las obras paralelas en Kemankeş Caddesi incluyen la restauración de edificios históricos, incluido el antiguo edificio de la terminal de pasajeros (que ahora alberga el Peninsula Hotel).

Los críticos del proyecto lamentan la privatización de los edificios públicos (en particular la antigua terminal de pasajeros), el aumento de las llegadas de cruceros y el predominio de marcas internacionales de lujo en la oferta de restauración y compras. Los partidarios elogian el amplio paseo marítimo, que ofrece vistas maravillosas y alberga la impactante escultura *Ciudad de los nombres* (2022) de Ahmet Günestekin.

TIENDAS DE MODA EN BEYOĞLU

Nilüfer Karaca

PLANO: 19 P. 112 **C3**

Las esculturales prendas de este diseñador local, confeccionadas en tejidos de calidad, se pueden comprar directamente o encargar a medida. También hay tentadoras joyas y accesorios. *9.00-19.00*

Umit Unal

PLANO: 20 P. 112 **D4**

Diseñador con sede en Estambul elogiado por su ropa femenina de vanguardia desde que lanzó su marca en 1992. *10.00-19.00 lu-sa, 12.00-19.00 do*

Bey

PLANO: 21 P. 112 **D6**

Ropa y accesorios elegantes para hombres en Karaköy. *11.00-20.00*

Apreciar arte turco GALERÍA DE ARTE

PLANO: 24 P. 112 **E5**

Ubicado en un edificio característico de Galataport diseñado por el arquitecto local Emre Arolat, el **Museo de Pintura y Escultura de Estambul** (İRHM) ofrece una excelente visión general de la pintura, la escultura, la cerámica y la caligrafía turcas posteriores al s. XIX. Las tres plantas están organizadas cronológica y temáticamente, comenzando con la colección de pinturas otomanas en la primera. Destacan las obras *Mujer reclinada en el diván* y *Mañana en el mar* de Namık İsmail (1890-1935), *Magnolias* y *Mujer con vestido verde* de İbrahim Çallı (1882-1960), *Autorretrato* de Mihri Rasim (1886-1954), y *Puertas de Dolmabahçe* de Cihat Burak (1915-1994). En el 3er piso, una galería dedicada a las obras orientalistas de Osman Hamdi Bey (1842-1910) exhibe importantes óleos, como *Creyente contando su rosario* y *Mujer con mimosa.*

GALERÍAS DE ARTE

Galerist

PLANO: 25 P. 112 **B3**

En el atractivo Petits-Champs Pasajı, en Meşrutiyet Caddesi, en Asmalımescit, está la galería de arte contemporáneo más conocida de la ciudad.

Öktem Aykut

PLANO: 26 P. 112 **B4**

Otra galería de Asmalımescit, Öktem Aykut, es conocida por centrarse en nuevos talentos locales que trabajan con una variedad de medios.

Galeri Nev

PLANO: 27 P. 112 **C3**

En el Mısır Apartmanı de İstiklal Caddesi, esta galería representa a artistas importantes como Murat Akagündüz, Murat Morova y Sevinç Altan.

Probar los mejores 'baklavas' de Estambul

TIENDA DE DULCES

PLANO: 28 P. 112 **D7**

Karaköy Güllüoğlu, una *baklavacı* (tienda de *baklava*) muy querida, abrió en 1949 y fue la primera sucursal en Estambul de una empresa creada en Gaziantep en la década de 1820. Hay otras sucursales en la ciudad, pero esta sigue siendo la mejor. Trasladada recientemente a un nuevo local con patio trasero con jardín, su popularidad ha crecido, y es una parada imprescindible al visitar Karaköy. El servicio es tipo cafetería: los clientes pagan una *porsiyon* (porción) de lo que desean en la caja, piden en los mostradores y se lo llevan a una mesa. Los sabores de *baklava* más populares son *fıstıklı* (pistacho) y *cevizli* (nuez), pero también se puede pedir una porción *karışık* (mixta). Muchos clientes habituales piden *kaymak* (nata cuajada) aparte. Un vaso de té suavizará el dulzor.

Ver el entorno de la torre de Gálata

BARRIO

PLANO: 29 P. 112 **B6**

Gálata, una zona portuaria muy activa en época bizantina y otomana, tiene una historia fascinante. Concedida a los comerciantes genoveses como parte de un pacto de defensa con el Imperio bizantino en 1261, el enclave fue amurallado y se erigió una torre en su punto más alto. Aunque la mayor parte de esta muralla defensiva ya no existe, la **torre de Gálata** sigue en pie (estaba cerrada por restauración en el momento de redactar esta guía). La zona atraía a marineros, comerciantes y fugitivos de todo el mundo y con el tiempo se convirtió en el corazón cosmopolita de la ciudad, con armenios, griegos, catalanes, judíos sefardíes españoles, rusos blancos y venecianos asentándose en gran número. Aunque nunca fue elegante (acogió burdeles y tabernas sórdidas desde época bizantina), Gálata se deterioró mucho en el s. xx y se dividió en dos: la zona de la colina que conduce a Pera mantuvo el nombre de Gálata y el distrito portuario menos salubre pasó a conocerse como Karaköy.

Explorar el Perşembe Pazarı

BARRIO

La inauguración de İstanbul Modern (p. 114) en el 2004 transformó la parte de Karaköy situada en el Bósforo al este del puente de Gálata. La parte junto al Cuerno de Oro al oeste del puente, que se conoce como **Perşembe Pazarı** (bazar de los Jueves), ha cambiado más lentamente, aunque la construcción del puente del Metro de Haliç y el embellecimiento de la orilla del Cuerno de Oro también han iniciado el proceso de transformación. Vale la pena visitar la zona para tener una idea de cómo era esta parte de la ciudad antes de su rehabilitación. Algunos cambios son evidentes (el destartalado mercado de pescado en el paseo marítimo se ha limpiado, por ejemplo), pero el resto del bazar está prácticamente intacto. Una de las estructuras más importantes es la **Rüstem Paşa Han** (también llamada Kurşunlu Han; PLANO: 30 P. 112 **A8**), diseñada por Sinan, que data de alrededor de 1550 y se encuentra en un estado de deterioro grave. Se puede acceder a ella desde Kardeşim Sokak.

Visitar mezquitas poco conocidas

MEZQUITAS

Además de numerosas sinagogas históricas, la histórica Gálata (actualmente Gálata y Karaköy) albergaba iglesias cristianas y mezquitas imperiales. La iglesia más importante es una con aspecto de fortaleza construida por los genoveses en 1337 y convertida en mezquita tras la conquista. Cuando esto sucedió, se la denominó **Mezquita Árabe** (Arab Camii; PLANO: 31 P. 112 **A7**), supuestamente porque se convirtió en un lugar de culto para musulmanes procedentes del norte de África.

'MEYHANES'

En Turquía, los *meze* no son solo un tipo de plato, son toda una experiencia gastronómica que los vecinos adoran. En las numerosas *meyhanes* (tabernas) de la ciudad, los camareros trasladan enormes bandejas de *meze* fríos entre los que los clientes pueden elegir. También hay vitrinas refrigeradas repletas de sabrosas delicias (a estos lugares a veces se los llama *lokantasıs*). Los *meze* suelen ser de verduras, aunque también los hay de marisco. Los *meze* calientes suelen elegirse del menú. Los *meyhanes* y *lokantasıs* recomendados en Beyoğlu incluyen Asmalı Cavit, Karaköy Lokantası y Mahkeme Lokantası (p. 136).

La **mezquita de Sokollu Mehmet Paşa** (también conocida como mezquita de Azapkapı; PLANO: 32 P. 112 **A5**), en la orilla del Cuerno de Oro, tristemente disminuida por el puente Atatürk/Unkapanı que se alza sobre ella, fue diseñada por Sinan y construida en 1577-1578. Tiene un minarete exento poco común y presenta un *minber* (púlpito) y un *mihrab* (nicho que indica la dirección a La Meca) de mármol tallado particularmente fino. La *çeşme* (fuente) barroca junto a la mezquita fue encargada por Saliha Valide Sultan, madre de Mahmud I, y construida en 1732-1733.

Subir la escalera sinuosa de Gálata

ARQUITECTURA CALLEJERA

PLANO: 35 P. 112 **B7**

La curvilínea **escalera Camondo** (Kamondo Merdivenleri), donada a la ciudad por el banquero Abraham Camondo en el s. XIX, es una de las piezas de diseño urbano más distintivas de Beyoğlu. Conecta la vía principal Bankalar Caddesi con Bereketzade Medresesi Sokak, una de las calles que conducen a la torre de Gálata, fue fotografiada por Henri Cartier-Bresson en 1964, una imagen imitada desde entonces por los fotógrafos aficionados.

Animar la estancia con 'jazz'

CLUB DE JAZZ

El Festival de Jazz de Estambul, que organiza cada año desde hace cuatro décadas la Fundación de Estambul para la Cultura y las Artes (İKSV), ofrece una emocionante mezcla de *jazz* convencional, electrónica, *drum 'n' bass,* música del mundo y *rock*. Durante dos semanas en julio, artistas turcos e internacionales actúan en consulados extranjeros, el **Salon İKSV** (PLANO: 36 P. 112 **A5**) en Şişhane y el **teatro al aire libre Cemil Topuzlu** (PLANO: 37 P. 112 **F8**) en Harbiye. Es imprescindible reservar (caz.iksv.org). Al margen del festival, el mejor lugar para escuchar *jazz* en directo es el íntimo **Nardis Jazz Club** (PLANO: 38 P. 112 **B7**), dirigido por el guitarrista Önder Focan y su esposa Zuhal.

ENCANTADORES 'LOKANTAS'

Los *lokantas,* locales informales que sirven *hazır yemek* (platos preparados) que se mantiene caliente al baño maría, suelen ofrecer diferentes platos de verduras y opciones de carne; algunos también ofrecen *lahmacun* (*pizza* al estilo árabe) y *pides*. Los clientes revisan los platos e indican lo que desean comer. Se puede pedir *bir porsiyon* (una ración), *yarım porsiyon* (media) o un surtido de varias opciones. Se paga por ración. Entre los mejores *lokantas* de esta parte de la ciudad figuran Hayvore (p. 135), cerca de İstiklal Caddesi en Galatasaray; Mahir Lokantası (PLANO: 33 P. 112 **E7**) en Kurtuluş, junto a la estación de metro Osmanbey; y Hünkar (PLANO: 34 P. 112 **F7**) en Nişantaşı.

Abre todas las noches excepto los domingos.

Añadir una pizca de SALT — CENTRO CULTURAL

El término "centro cultural" se utiliza mucho en Estambul, pero a menudo es inapropiado. No es el caso de SALT Galata. Ubicada en un magnífico edificio bancario de 1892 diseñado por el arquitecto francés Alexandre Vallaury, famoso por el palacio de Pera y sabiamente adaptado por el estudio local Mimarlar Tasarım, esta institución vanguardista ofrece un espacio para exposiciones, un auditorio, una biblioteca de investigación artística, una librería, una cafetería y el glamoroso restaurante Neolokal (p. 125).

Financiado por el Garanti Bank, **SALT** (PLANO: 39 P. 112 **B7**) pretende ser un centro de aprendizaje y debate y alberga conferencias, charlas y talleres con regularidad. Hay un segundo centro SALT cerca (PLANO: 40 P. 112 **B3**), en İstiklal Caddesi, que alberga exposiciones y proyecciones de películas. Puede consultarse la programación de ambos centros en saltonline.org.

Cruzar el puente más querido de la ciudad — PUENTE

PLANO: 41 P. 112 **B8**

Para vivir toda la magia de Estambul, hay que cruzar el **puente de Gálata** al atardecer. A esa hora, la histórica torre de Gálata está rodeada de ruidosas gaviotas, las mezquitas en lo alto de las siete colinas de la ciudad se recortan contra un cielo de un suave tono rosado y el evocador aroma del narguile de manzana emana de los cafés bajo el puente. Durante el día, el puente es un ajetreo constante de turistas que cruzan entre Beyoğlu y Eminönü. Más abajo, los restaurantes y cafés sirven bebidas y comida día y noche. Hay que venir a disfrutar de una cerveza y un narguile observando los ferris que van y vienen a los muelles de Eminönü y Karaköy.

LA FAMILIA CAMONDO

Los Camondo, judíos sefardíes establecidos en Italia y Turquía tras ser expulsados de España a finales del s. XV, eran inicialmente comerciantes, pero a principios del s. XIX se dedicaron a la banca y tuvieron tanto éxito que su banco pronto se convirtió en el más grande del Imperio otomano. Aunque se los recuerda sobre todo en la ciudad por la escalera de Gálata que lleva su nombre, sus otras contribuciones a la ciudad incluyen la mansión familiar en Kasımpaşa, construida en la década de 1860 y diseñada por el arquitecto de moda Sarkis Balyan. Posteriormente se convirtió en el cuartel general de la marina turca y ha sido restaurada recientemente como parte del desarrollo del puerto de Haliç.

TIENDAS DE DISEÑO EN BEYOĞLU

Aydan Öner
PLANO: 42 P. 112 **D4**
Muchos de los artículos decorativos y para el hogar que se venden en esta elegante tienda presentan motivos turcos; destaca la gama Nazarlık, que incluye nazar boncuks (amuletos contra el mal de ojo). *10.00-19.00 lu-sa*

Local Makers
PLANO: 43 P. 112 **D4**
Muestra de productos elaborados por artesanos locales, como joyas, velas, artículos de papelería, cerámica y bolsos. *11.00-19.00*

Özlem Tuna
PLANO: 44 P. 112 **D5**
Cerámica de gran estilo con formas y colores que aluden a la historia y la cultura de Estambul (tulipanes, gaviotas o mosaicos bizantinos). *9.30-19.00 lu-vi, 10.00-19.00 sa y do*

Comprar productos ecológicos MERCADO

PLANO: 45 P. 112 **C1**
El **mercado de productos ecológicos de Feriköy** (Feriköy Ekolojik Pazar) se celebra los sábados en el barrio de Bomonti. Fue inaugurado en el 2006 como el primer bazar 100% ecológico de Turquía y sigue activo. Un paseo por el mercado da juego a fotógrafos y compradores: los puestos están repletos de productos ecológicos certificados, como frutas, verduras, quesos, pan, frutos secos y deshidratados, conservas, yogur, miel y aceite de oliva. Los puestos cerca de la entrada ofrecen sabrosos productos horneados y *gözleme* (tortas saladas) hechos al momento que se pueden comer *in situ*. Allí mismo, en un estacionamiento cubierto a unos 10 min a pie de la estación de metro de Osmanbey, se celebra un mercadillo los domingos.

Darse un capricho en tiendas de lujo BARRIO COMERCIAL

Triste, pero cierto: las mejores tiendas de la ciudad solían estar en el Gran Bazar e İstiklal Caddesi, pero ya no es cierto. Hoy en día, la mayoría de los lugareños compra en centros comerciales modernos, entre ellos İstinye Park, Cevahir y Zorlu. Sin embargo, hay un reducto que ha resistido el asalto de los centros comerciales: **Nişantaşı.** Pocos pasos al norte de la plaza Taksim, este barrio está repleto de bares, restaurantes, hoteles de lujo y tiendas. La mayoría está en las calles que rodean la arteria principal, Teşvikiye Caddesi, por lo que algunos lugareños se refieren a esa zona como Teşvikiye. Los grandes almacenes de lujo **Beymen** (PLANO: 46 P. 112 **F7**) y **Vakko** (PLANO: 47 P. 112 **F7**) se encuentran aquí, al igual que muchas tiendas de diseñadores internacionales y turcos.

,dmirar arte y arquitectura ontemporáneos GALERÍA DE ARTE

.ANO: 51 P. 112 B1

.RTER, la sede de la colección e arte contemporáneo de la Funación Vehbi Koç e Dolopdere, fue iseñada por Grimshaw Architects, on sede en Londres, y presenta na fachada resplandeciente de ormigón de fibra de vidrio reforado con mosaicos perlados hechos mano. La ubicación de la galería s extraña (Dolopdere es un distrio poco atractivo 1 km al noroeste e la plaza Taksim), pero la presenia de ARTER está impulsando el ambio, y están empezando a abrir ;alerías de arte y otros negocios elacionados con el diseño en esta arte de la ciudad.

El edificio incorpora seis espaios de exposición, una terraza, alas de espectáculos, una bibliotea, una librería de arte y un bistró. .a colección incluye pinturas, libujos, esculturas, grabados, otografías, películas, vídeos e nstalaciones multimedia desde a década de 1960 hasta hoy, con :xposiciones de artistas turcos : internacionales. El programa le eventos incluye artes escénicas, núsica, cine, *performances* y artes ligitales.

Hay autobuses lanzadera graaitos desde la estación de metro le Taksim y el Museo de Pera en Tepebaşı durante el horario de visita; más información en la web (arter.org.tr).

TIENDAS DE DULCES

Ali Muhiddin Hacı Bekir

PLANO: 48 P. 112 D2

La sucursal de İstiklal Caddesi del famoso proveedor de delicias turcas también produce pasteles y tartas exquisitas, que se pueden disfrutar en el salón de té de la planta superior. Impresiona el bufé giratorio de postres al estilo de los locales de *sushi* del sótano. *8.00-21.00 lu-sa, 9.00-21.00 do*

İnci Pastanesi

PLANO: 49 P. 112 D1

Institución de Beyoğlu famosa por sus decadentes profiteroles cubiertos de salsa de chocolate. *7.00-23.00*

Mabel Çikolata

PLANO: 50 P. 112 C8

Mabel, cuya tienda insignia de Karaköy abrió en 1947, es conocida por sus chocolates con leche y negros. Algunos de sus envases retro son entrañables (lástima de logotipo). *9.00-19.00*

Salir de fiesta en Bomontiada COMPLEJO DE OCIO

La cerveza Bomonti se producía antiguamente en la fábrica Bomontiada, situada en el barrio homónimo (hoy es una marca de Efes que se produce en otro lugar). El complejo, reinaugurado como el centro de arte, música y entretenimiento **Bomontiada** (PLANO: 52 P. 112 C1), alberga varios bares y un espacio artístico, pero debe su fana al muy querido **Babylon Bomonti** (PLANO: 53 P. 112 C1; babylon.com.tr), el local de música en directo más destacado de Estambul. También hay un pequeño museo dedicado a la vida y las obras del venerado fotógrafo local Ara Güler (1928-2018), famoso por sus evocadoras fotografías de la ciudad. Para llegar hay que tomar el metro M2 hasta la parada de Osmanbey (dirección Hacıosman).

CERVECERÍAS

Populist

PLANO: 54 P. 112 **F5**

Este local de Galataport es gestionado por Torch Brewery, que elabora una amplia gama de cervezas, incluidas IPA y una *ale* al estilo inglés. También tiene una sucursal en Bomontiada. *12.00-24.00 do-ju, 12.00-1.00 vi y sa*

Taproomx

PLANO: 55 P. 112 **B4**

Cervecería en Asmalımescit con cervezas SOMX de la casa, incluidas dos IPA, una cerveza de trigo y una *pilsener. 14.00-24.00 ma-do*

Craft Beer Lab

PLANO: 56 P. 112 **F4**

Pub y cervecería al aire libre en Beşiktaş con cerveza de barril y embotellada de Turquía y otros lugares, incluidas las Knidos locales. *12.00-1.30 do-ju, 12.00-3.00 vi y sa*

.o mejor para...

• Económico €€ Medio €€€ Alto

:omer

:afés

:uppa €

57 E4

'afé en Cihangir con pas-eles tentadores, *wraps* y *osts* (bocadillos calien-es) hechos con masa nadre casera. Excelente pción para desayunar. *.00-17.00*

Kafe Ara €

58 C3

Este café ubicado en un garaje reformado en una calle frente al Galatasa-ay Lycée, tiene terraza y n menú sencillo. No se sirve alcohol. *9.00-23.30 u-vi, 10.00-18.00 sa y do*

Cuma €€

59 D3

Tranquilo oasis gastro-nómico en el corazón de Çukurcuma con buen café y excelente comida de temporada. *9.00-24.00*

Journey €€

60 E4

Cafetería informal en el enclave de expatriados de Cihangir con platos mediterráneos reconfortantes, como bocadillos, sopas y pastas. *9.00-2.00*

Locales informales

Hayvore €

61 C2

Este *lokanta* especializada en cocina del mar Negro sirve excelentes sopas, *pides, pilaf* y otros platos sencillos. Es recomendable ir a almorzar, cuando todo está más fresco. *8.30-23.00*

Dürümzade €

62 C2

Este pequeño asador, un clásico para los noctámbulos de Beyoğlu, sirve excelentes kebabs (como el kebab Adana, carne picada con especias). *11.30-21.30 lu-sa*

Miss Pizza €€

63 A5

Este local animado en Şişhane, la mejor pizzería de Beyoğlu, sirve tartas de estilo italiano y deliciosos *antipasti*. *12.00-22.30*

Localizaciones en el plano de la **p. 112**

Karaköy Gümrük €€

64 B8

Bistró y cafetería informal en Karaköy que cambia su menú cada día según el mercado. *9.00-24.00 lu-sa, 11.00-24.00 do*

Azoteas panorámicas

Hamdi Restaurant Pera €€

65 A4

Sucursal en Beyoğlu del famoso restaurante de kebab de Estambul en el Radisson Blu Hotel, con vistas espectaculares al Cuerno de Oro. *15.30-23.00 ma-do*

Simone €€

66 B5

Bar-restaurante en la azotea del Hotel Ruz en Asmalımescit con un menú internacional, un comedor con techo retráctil y una pequeña terraza con vistas al Cuerno de Oro. *8.00-24.00*

Eleos €€€

67 B5

Este *meyhane* de la planta superior transporta a las islas griegas con excelentes *meze* y mariscos. Impresionante vista del Bósforo. *14.30-24.00*

Mürver €€€
68 D7
En la azotea del Novotel de Karaköy, este restaurante y coctelería ofrece un menú sofisticado y vistas al Bósforo. *17.00-00.30*

Kebabs

Antiochia €€
69 B5
Deliciosos platos de la ciudad suroriental de Antakya (Hatay) en un espacio atractivo en Asmalımescit. *12.00-24.00 lu-sa*

Zübeyir Ocakbaşı €€
70 D1
Popular asador en Taksim que sirve alitas de pollo picantes, costillas sabrosas y suculentos kebabs. *12.00-0.00 lu-vi, 11.00-24.00 sa y do*

'Meyhanes'

Asmalı Cavit €€
71 B4
El local de Cavit Saatcı es una *meyhane* (taberna) clásica que ha resistido el paso del tiempo y ha conservado una clientela fiel. *17.00-24.00 lu-sa*

Çukur Meyhane €€
72 C3
Restaurante en un sótano cerca de İstiklal con un ambiente agradable, buena comida y precios asequibles. No se habla inglés. *11.00-1.00*

Terrazas

Karaköy Lokantası €€
73 D7
Local muy apreciado que funciona como *lokanta* durante el día y como *meyhane* por la noche y ofrece *meze* particularmente sabrosos. *12.00-16.00 y 17.00-24.00 lu-sa, 16.00-24.00 do*

Mahkeme Lokantası €€
74 A7
En un rincón tranquilo de Gálata, esta *meyhane* en un juzgado histórico ofrece excelentes *meze*. *12.00-16.00 y 18.00-24.00 lu-sa, 18.00-24.00 do*

Desayunos

Van Kahvaltı Evi €
75 E4
Turquía es conocida por sus abundantes *kahvaltılar* (desayunos), y los mejores se sirven en la ciudad de Van, en el este. Las versiones de este local son auténticas y deliciosas. *8.00-17.00*

Cafe Privato €
76 B6
En un enclave frente a Galipdede Caddesi en Gálata, este café agradable y algo destartalado es muy querido por su delicioso y enorme *köy kahvaltası* (desayuno de pueblo). *8.30-23.00 lu-sa, 9.00-23.00 do*

Beber

Instituciones en Beyoğlu

Manda Batmaz
77 B3
Este café situado frente a İstiklal, que sirve el mejor café turco de Beyoğlu desde 1967, es famoso por su bebida densa y aromática. *9.30-23.30*

Galata Simitçisi
78 D7
Histórica panadería de Karaköy para disfrutar de un *çay* acompañado de un *simit* (panecillo con costra de sésamo) recién horneado. *5.00-21.00*

Bares de vinos

Solera
79 C3
Caverna con iluminación evocadora y más de 300 vinos turcos, muchos por copa. También sirve buena comida. *12.00-1.30*

Comedus
véase 14 B5
Local elegante que sirve vino, cerveza, queso y embutidos. Hay otra

ucursal a la vuelta de la squina. *15.00-23.00 lu-sa*

e Fumoir

30 B6

Glamuroso restaurante bar francés en la azotea del Hotel Georges en Gálata, que sirve vinos de calidad por copa. *3.00-1.00*

Bares y discotecas

NOH Radio Pub

81 D3

Pequeño *pub* y emisora de radio que organiza sesiones populares de baile y bebida los fines de semana. *12.00-2.30*

Geyik

82 E4

En este bar de Cihangir saben hacer cócteles. Mesas en el interior o en la calle. *16.00-2.00*

Urban

83 C2

Un refugio tranquilo junto a İstiklal con un interior artístico y una terraza agradable bajo una glicinia. Ambiente bohemio. *9.00-2.00*

SFINALika

84 C3

Restaurante, bar y club con estilo en Galatasaray con salón en la planta baja y pista de baile en la planta alta. *18.00-3.00 ju-sa*

Comprar

Artículos de hogar

Turkish Modern

85 D4

Zapatillas y bolsos de cuero, alfombras y toallas tejidas a mano son algunos de los artículos de diseño y fabricación local que se venden aquí. *10.30-20.00*

Hiç

86 C6

Tienda de artesanía contemporánea en Tophane que vende cojines, bolsos, pañuelos de seda, lámparas, cristalería, porcelana y artículos de fieltro. *11.00-19.00 lu-sa*

Moda

Misela

véase 14 B5

Marca local de accesorios de lujo conocida por sus distintivas bolsas y bolsos de mano y bandolera. *11.00-18.30 lu-sa*

Eyüp Sabri Tuncer

87 C7

Los turcos de todas las edades adoran las colonias y productos de belleza de esta empresa local, fundada en 1923. *9.00-20.00*

Vino

La Cave Wine Shop

88 E4

Su enorme selección de vinos locales e importados hace de esta tienda de Cihangir una referencia para los amantes del vino. *10.30-20.30*

Libros y música

Opus3a

89 F4

El personal de esta tienda de Cihangir habla inglés y puede recomendar grabaciones locales de clásica, *jazz*, alternativa y pop. *11.00-19.00 lu-sa, 12.00-19.00 do*

Homer Kitabevi

véase 79 C3

Librería histórica en Galatasaray con un catálogo variado en varios idiomas, aunque predomina el inglés. *10.00-19.30*

Sugerencias de lugares para comer en **p. 161**

Explora

Barrios del Bósforo

El estrecho del Bósforo, que une el mar de Mármara (Marmara Denizi) con el mar Negro (Karadeniz), es la columna vertebral de la ciudad y su mayor activo. A lo largo de los siglos, ha ido atravesado por ejércitos conquistadores, comerciantes ntrépidos y muchos aventureros. En la actualidad, miles de personas van de una orilla a otra para trabajar; los petroleros y los cargueros recorren su canal central; y lugareños y turistas lo cruzan en ferri. A un lado Europa, al otro Asia, ambas orillas bordeadas de antiguos pueblos de pescadores convertidos en lujosos suburbios residenciales que albergan apartamentos de varios millones de liras e incluso *yalıs* (mansiones frente al mar) de la era otomana, aún más valiosas.

Cómo desplazarse

Ferri

La forma más agradable de acceder a los barrios del Bósforo es en ferri. Consúltense en sehirhatlari.istanbul las rutas y los horarios.

Los ferris regulares de Şehir Hatları van de Eminönü y Karaköy a Üsküdar. Los ferris de Dentur conectan Üsküdar con Beşiktaş y Kabataş.

Autobús

Los autobuses circulan por ambas orillas del Bósforo, pero pueden ser muy lentos.

Metro

La línea de Marmaray conecta Kazlıçeşme en el casco antiguo con Ayrılık Çeşmesi, con paradas en Sirkeci y Üsküdar.

Mezquita de Ortaköy (p. 157).

★

LO MEJOR

Emprender una **TRAVESÍA EN FERRI** por el Bósforo (p. 142).

Explorar el **MUSEO** Naval de Estambul (p. 157).

Conocer la historia del **PALACIO** de Dolmabahçe (p. 150).

Disfrutar del ambiente en el **SALÓN DE TÉ** en Bebek Kahve (p. 158).

Descubrir el **COMPLEJO DE LA MEZQUITA** de Atik Valide (p. 155).

A
B
C
D
1
2
3
4
5
6
BÜYÜKDERE
20 Museo Sadberk Hanım
EUROPA (AVRUPA)
Estrecho del Bósforo (Boğaziçi)
KİREÇBURNU
Hacıosman
24
TARABYA
Darüşşafaka
YENİKÖY
Atatürk Oto Sanayi
İSTİNYE
21
İTÜ-Ayazağa
EMİRGAN
Emirgan Korusu
17
19 Museo Sakıp Sabancı
18
BALTALIMANI
Puente Balta Sultan Mehmet
Sanayi Mahallesi
RUMELI HISARI
Borusan
14 Contemporary
Boğaziçi Üniversitesi
27
4. Levent
ETİLER
15 Rumeli Hisarı
Anadolu Hisarı
16
Etiler
Midnight
12 Express
Divan Pastanesi
9
8 Baylan
13 Küçüksu Kasrı
Levent
Nispetiye
BEBEK
10
29
Lucca
11
Bebek Kahve
ESENTEPE
KANDİLLİ
Gayrettepe
28
ARNAVUTKÖY
GAYRETTEPE
26
Estrecho del Bósforo (Boğaziçi)
VANİKÖY
KURUÇEŞME
Véase ampliación "Beşiktaş y Yıldız"
ORTAKÖY
Osmanbey
ÇENGELKÖY
BEŞİKTAŞ
YILDIZ
Puente de los Mártires del 15 de Julio (Bósforo)
Taşkışla
BEYLERBEYİ

E
F
G
H
ANADOLU KAVAĞI
0 2 km
Más información
Imprescindible p. 142
Experiencias p. 156
Comer p. 161
1
BEYKOZ
2
ASIA (ASYA)
PAŞABAHÇE
ÇUBUKLU
3
Beşiktaş y Yıldız
DIKILIAŞ
NIŞANTAŞI
MECIDIYE
Ortaköy Dereboyu Cad
ORTAKÖY
Palanga Cad
Parque Yıldız
Barbaros Bul
Muallim Naci Cad
Nüzhetiye Cad
BEŞIKTAŞ
YILDIZ
Çırağan Cad
Çakmak Kahvaltı Salonu
Minoa
Maçka
Mezquita de Ortaköy
Puente de los Mártires del 15 de Julio (Bósforo)
Tumba de Barbarroja
Parque Taşlık
Museo Naval de Estambul
Beşiktaş Vapur Kafe
Estrecho del Bósforo (Boğaziçi)
Palacio de Beylerbeyi
Palacio de Dolmabahçe
Dolmabahçe Kafeterya
Mezquita de Dolmabahçe
0 1 km
4
5
6

★ IMPRESCINDIBLE

En ferri por el Bósforo

El Uzun Boğaz Turu (crucero largo por el Bósforo), operado por Şehir Hatları, sale del Boğaz İskelesi (muelle del ferri del Bósforo) de Eminönü todos los días a las 10.35 y navega 2 h por el Bósforo antes de llegar a Anadolu Kavağı en la desembocadura del mar Negro. A continuación, se describe la ruta.

CONSEJO
Es mejor llegar 30 min antes de la salida para ser de los primeros en la fila de embarque. Cuando abren las puertas, hay que moverse rápido para conseguir un buen asiento.

Escanea este código QR para más información sobre los horarios de los ferris y los precios.

De Eminönü a Beşiktaş

Se embarca en Eminönü. La costa asiática está a la derecha del barco; Europa queda a la izquierda. Nada más zarpar hay que buscar la **Kız Kulesi** (torre de la Doncella) frente a la costa asiática cerca de Üsküdar. Uno de los monumentos más distintivos de la ciudad, esta estructura del s. XVIII sirvió como faro, estación de cuarentena y decorado en la película de James Bond de 1999 *El mundo nunca es suficiente.*

Justo antes de la primera parada en **Beşiktaş,** se pasa por el **palacio de Dolmabahçe** del s. XIX (p. 150), construido en la costa europea para el sultán Abdul Mecit. Cuando la familia imperial vivía aquí, los principales medios de transporte utilizados eran *caiques* (botes de remos) que atracaban frente a las ornamentadas puertas de hierro forjado en la costa. En la actualidad, varios *caiques* de Dolmabahçe se exhiben en el **Museo Naval de Estambul** (p. 157) en Beşiktaş.

De Beşiktaş a Üsküdar

El ferri cruza el estrecho desde Beşiktaş, ofreciendo excelentes vistas del casco antiguo y de las mezquitas de **Mihrimah Sultan** y **Yeni Valide** en **Üsküdar** (p. 156), donde el ferri hace su segunda parada.

ALEKSA ZIVKOVIC/SHUTTERSTOCK ©

De Üsküdar a Kanlıca

Desde Üsküdar, el ferri pasa por lo que el escritor francés del s. XIX Pierre Loti describió como "una hilera de palacios blancos como la nieve, situados a orillas del mar sobre muelles de mármol". Entre estas joyas de la costa europea está el **palacio de Çırağan,** construido para el sultán Abdul Aziz en la segunda mitad del s. XIX, ahora un hotel de lujo. La pendiente verde sobre el palacio es el parque Yıldız, antiguo coto de caza imperial.

Al otro lado del estrecho, en la costa asiática, está el **Fethi Ahmed Paşa Yalı,** un amplio edificio blanco con tejado rojo que se construyó en el bonito pueblo de **Kuzguncuk** a finales del s. XVIII.

Un poco más adelante, a la izquierda, está la **mezquita de Ortaköy,** de estilo barroco otomano (p. 157; foto superior), construida entre 1853 y 1855. La cúpula y los dos minaretes se ven eclip-

UNA PAUSA

Los quioscos en el ferri sirven *çay*, café, jugo fresco y bocadillos sencillos que se pueden consumir mientras se navega por el estrecho.

'YALIS'

Los *yalıs* son las grandes residencias de verano situadas a lo largo del Bósforo construidas por embajadores extranjeros, comerciantes adinerados y miembros de la corte otomana en los ss. XVIII y XIX. Actualmente hay 667 yalıs en el Bósforo.

sados por el adyacente **puente de los Mártires del 15 de Julio (Bósforo),** inaugurado en 1973 con motivo del 50 aniversario de la fundación de la República Turca. Justo antes del puente hay dos *yalıs* en la orilla europea, las casas de las hijas del sultán Murad V, **Fehime** y **Hatice.** En la orilla asiática está el **palacio de Beylerbeyi** (p. 153). Tras él, en lo alto de Çamlıca Tepesi (colina de Çamlıca), están la moderna **mezquita de Çamlıca** y la **torre de telecomunicaciones de Çamlıca** (conocida como "el Tulipán").

Más allá del pequeño pueblo de **Çengelköy,** en el lado asiático, se halla la imponente **Escuela Militar Superior de Kuleli,** construida en 1860, con sus dos torres en forma de "sombrero de bruja". Casi enfrente, en la costa europea, se

encuentra **Arnavutköy** (pueblo albanés; foto inferior), con varias casas de madera con frontón de la era otomana.

Arnavutköy conduce al glamoroso suburbio de **Bebek** (p. 158). El pequeño parque de la bahía de Bebek alberga la **mezquita de Bebek,** de estilo neo-otomano; al sur está el **consulado de Egipto,** un pequeño palacio *art nouveau* construido para Emine Hanım, madre del último jedive (virrey) de Egipto, Abbas Hilmi II (p. 159). Es el edificio blanco con dos torres abuhardilladas y una verja de hierro forjado ornamentada. Enfrente, en la costa asiática, está **Küçüksu Kasrı** (p. 158), un pabellón de caza ornamentado construido en 1856-1857 para el sultán Abdul Mecit.

El ferri se acerca entonces al **puente Fatih Sultan Mehmet,** pasando por **Rumeli Hisarı** (p. 159) (fortaleza de Europa) y **Anadolu Hisarı** (p. 159) (fortaleza de Asia), en lados opuestos del estrecho. Hay muchos *yalıs* de interés arquitectónico e histórico en Anadolu Hisarı y sus alrededores, como el **Köprülü Amcazade Hüseyin Paşa Yalı,** una estructura en voladizo con forma de caja construida en 1698 para uno de los grandes visires de Mustafá II. El cercano **Zarif Mustafa Paşa Yalı** fue construido a principios del s. XIX por el proveedor de café oficial del sultán Mahmud II. Su salón está en la planta superior, que sobresale del agua y está sostenida por inusuales puntales de madera curvados.

Justo antes del puente, en la costa europea, hay un edificio con torretas de aspecto excéntrico conocido como Perili Köşk (mansión Encantada), pero que en realidad se denomina mansión de Yusuf Ziya Pasha. Construido en 1910, ahora es la sede de **Borusan Contemporary** (p. 158).

De Kanlıca a Sarıyer

La tercera parada del ferri es **Kanlıca,** un pueblo construido en torno a una pequeña cala. En lo

REGRESO POR LA COSTA EUROPEA

La forma más fácil de visitar los museos de la costa europea es bajar en Sarıyer, caminar hasta Büyükdere para visitar el Museo Sadberk Hanım y luego tomar el autobús nº 40 de regreso a Taksim por la carretera costera, bajar en Emirgan para el Museo Sakıp Sabancı y en Rumeli Hisarı para el Borusan Contemporary. Este autobús también para en Bebek y Ortaköy.

Continúa en página opuesta

Continúa en página opuesta

REGRESO POR LA COSTA ASIÁTICA
Para visitar Küçüksu Kasrı y el palacio de Beylerbeyi, hay que bajar en Anadolu Kavağı y tomar el autobús nº 15A hasta Beykoz, desde donde se puede hacer transbordo al nº 15, que va a Üsküdar pasando por Küçüksu y Beylerbeyi Sarayı.

alto de un promontorio está **Hıdiv Kasrı** (p. 159), una magnífica villa *art nouveau* construida por el último jedive de Egipto como residencia de verano para las visitas anuales de su familia a Estambul. Se puede ver su torre cuadrada desde el ferri.

En la costa europea, frente a Kanlıca, está el rico suburbio de **Emirgan,** con **Emirgan Korusu** (bosque de Emirgan; p. 159), una enorme reserva pública particularmente hermosa en abril, cuando está cubierta por miles de tulipanes. La principal atracción de Emirgan es el impresionante **Museo Sakıp Sabancı** (p. 159).

Al norte de Emirgan, más allá de **İstinye,** está el barrio de **Yeniköy.** Situado en un saliente de la costa europea, era un lugar de veraneo para los otomanos adinerados, como demuestran los lujosos *yalıs* de los ss. XVIII y XIX alrededor del muelle de ferris. El más notable es el blanco y llamativo **Ahmed Afif Paşa Yalı,** diseñado por Alexandre Vallaury, arquitecto del Pera Palace Hotel en Beyoğlu, y construido a finales del s. XIX.

El ferri sigue un tramo de costa asiática, pasando por varias calas antes de su siguiente parada, **Sarıyer.** Estas calas incluyen **Çubuklu** en el lado asiático y **Tarabya** en el europeo. Justo antes de Tarabya está el **Huber Yalı,** ahora palacio presidencial de Turquía, con vistosos frontones y delicadas cúpulas de estilo ruso.

De Sarıyer a Rumeli Kavağı

Algunos pasajeros desembarcan en el antiguo pueblo pesquero de **Sarıyer** en lugar de seguir hasta la última parada del ferri, Anadolu Kavağı por dos razones: hay buenos restaurantes para almorzar y autobuses regulares que regresan a la ciudad por la costa.

Desde Sarıyer, hay un corto viaje hasta la penúltima parada, **Rumeli Kavağı** (foto derecha), un lugar tranquilo donde la única emoción es la llega-

YONCAEVREN/SHUTTERSTOCK ©

da y salida del ferri. Justo antes se erige el nuevo (tercer) puente **Yavuz Sultan Selim,** inaugurado en el 2016.

De Rumeli Kavağı a Anadolu Kavağı

Anadolu Kavağı, en la costa asiática, es el destino final del ferri. Antaño un pueblo de pescadores, su economía local depende ahora del turismo. En lo alto del pueblo están las ruinas de **Anadolu Kavağı Kalesi,** un castillo medieval con vistas al mar Negro y al Bósforo. El ferri se detiene en Anadolu Kavağı durante 2½ h antes de regresar a Eminönü, por lo que los pasajeros no tienen más que almorzar en uno de los mediocres restaurantes de pescado cerca del *iskele*. La alternativa es regresar en autobús.

UN ESTUARIO CONCURRIDO

De acuerdo con la Convención de Montreux de 1936, el Bósforo es una ruta marítima internacional reconocida. Más de 40 000 barcos navegan por él cada año.

★ IMPRESCINDIBLE

Palacio de Dolmabahçe

Este grandioso edificio, situado a orillas del Bósforo, fue hogar de la familia imperial entre 1856 y 1924. Su exterior en forma de tarta nupcial anuncia lo que los visitantes ven en el interior: 258 habitaciones y 46 salones decorados de la manera más ostentosa imaginable.

PLANO: P. 140 **E5**

CONSEJO

Hay un aforo máximo diario, que suele cubrirse los fines de semana y días festivos; es mejor ir entre semana si se puede. Está prohibido hacer fotografías en el interior.

Escanea este código QR para más información sobre los horarios y precios.

Historia

El palacio fue construido para el sultán Abdul Mecit I (gobernante de 1839 a 1861), que decidió trasladar su corte imperial de Topkapi a una residencia moderna alejada del casco antiguo. Como emplazamiento eligió el *dolma bahçe* ("jardín rellenado") donde sus predecesores, los sultanes Ahmed I y Osman II, habían rellenado una pequeña ensenada para crear un parque real con quioscos de madera y pabellones de recreo.

Abdul Mecit encargó a los arquitectos imperiales Nikoğos y Garabed Balyan un palacio otomano-europeo que impresionase a todo aquel que lo viese. Se evitó la arquitectura tradicional de los palacios otomanos: no hay pabellones y el palacio da la espalda a la espléndida vista en lugar de celebrarla. Se contrató al diseñador de la Ópera de París para los interiores, lo que quizás explique su exagerada teatralidad: hay candelabros vistosos y dorados en todas las superficies disponibles. El edificio se terminó en 1854 y el sultán y su familia se instalaron dos años después. Sin embargo, no todo fue bien, ya que el extravagante proyecto de Abdul Mecit precipitó la bancarrota del imperio y marcó el principio del fin de la dinastía otomana.

GELIA/SHUTTERSTOCK ©

Selamlık

El Selamlık es donde los sultanes atendían los asuntos del imperio. Cuenta con salones de recepción decorados con gran estilo, el más espectacular de los cuales es el **Muayede** (salón ceremonial) columnado, donde se entretenía a los visitantes insignes y se celebraban actos ceremoniales. Alberga una enorme lámpara de araña de cristal irlandés, obsequio de la reina británica Victoria. Otro elemento decorativo notable en esta parte del palacio es una espectacular escalera con una balaustrada de cristal francés hecha por Baccarat.

Los salones más pequeños del Selamlık incluyen la **sala Roja,** donde se atendían los asuntos corrientes, y la **sala Azul,** con frescos, donde los sultanes recibían a sus súbditos. El **salón**

UNA PAUSA
Ubicada en el recinto del palacio, pero accesible sin entrada, la sencilla Dolmabahçe Kafeterya se beneficia de su ubicación junto al Bósforo.

UNA DINASTÍA ARQUITECTÓNICA
Tres generaciones de una familia armenia, los Balyan, diseñaron edificios imperiales en Constantinopla en el s. XIX. El patriarca fue Krikor, jefe de los arquitectos imperiales bajo el reinado de Mahmud II. Su hijo Garabed y su nieto Nikoğos diseñaron Dolmabahce para Abdul Mecit I, y Nikoğos diseñó posteriormente la catedral de Ortaköy y el palacio de Küçüksu. Su hermano Sarkis diseñó el de Beylerbeyi para el sultán Abdul Aziz.

Zulvecheyn, que conecta el Selamlık con el harén, tiene ventanas con vistas al Bósforo y es donde los sultanes se relajaban.

Harén

El harén está organizado como cuando las familias imperiales vivían aquí. Mucho menos ostentoso que el Selamlık, su salón principal es el **Valide Sultan Divanhanesi** (salón de Recepción de la Reina Madre), una extravagancia de color rosa donde las damas del harén entretenían a las visitantes femeninas. El **salón Azul** tiene vistas al Bósforo.

Durante los primeros años de la república, Atatürk utilizó el palacio como su base en Estambul. El presidente murió en su cuarto del harén a las 9.05 del 10 de noviembre de 1938 y el reloj de esta sala sigue marcando esa hora exacta.

Colección de pinturas

Los Veliaht Dairesi (apartamentos del príncipe heredero) del palacio de Dolmabahçe albergan la colección de pinturas del palacio. Destacan la sala de la planta baja "Pintores turcos 1870-1890", con dos obras de Osman Hamdi Bey, y la de la planta superior "Vistas de Estambul", con estampas callejeras del s. XIX de Germain Fabius Brest. Se puede acceder a la galería desde la finca del palacio (hay que girar a la izquierda al salir del Selamlık) o desde Dolmabahçe Caddesi.

Otros edificios

Los terrenos ajardinados del palacio albergan diferentes estructuras, incluida una **torre del reloj** neobarroca diseñada por Sarkis Balyan para Abdul Hamid II (gobernante de 1876 a 1909).

Fuera del recinto está la **mezquita de Dolmabahçe,** de 1855, encargada por la madre de Abdul Mecid, Bezm-i Alem Valide Sultan, y diseñada por Nikoğos Balyan.

★ IMPRESCINDIBLE

Palacio de Beylerbeyi

Este palacio al borde del agua, de 1865, pequeño, pero lujosamente decorado, está en Beylerbeyi, bajo el puente del Bósforo, poca distancia al norte de Üsküdar. Atrae relativamente a pocos visitantes, por lo que quienes se aventuran a visitarlo suelen disponer del espacio para ellos solos.

Edificio principal

Diseñado por Sarkis Balyan, hermano de Nikoğos (arquitecto del palacio de Dolmabahçe), el palacio deleitó de igual modo al sultán Abdul Aziz (gobernante de 1861 a 1876), quien lo encargó, como a los dignatarios extranjeros que se alojaron aquí como huéspedes del sultán. Su último ocupante imperial fue el exsultán Abdul Hamid II, que pasó los últimos cinco años de su vida bajo arresto domiciliario aquí.

El precio de la entrada incluye una audioguía, pero hay que dejar un documento de identidad como garantía. La visita al gran *selamlık* (salones ceremoniales) y al pequeño, pero opulento, harén del edificio principal pasa por habitaciones con frescos de escenas navales, candelabros de cristal de Bohemia, jarrones Ming y suntuosas alfombras Hereke. Destacan el salón de la planta baja, con una enorme piscina de mármol que servía para refrescarse en verano, el apartamento del sultán, pintado y dorado con esmero, y la sala de audiencias del sultán, revestida de madera, con su lámpara de araña de Baccarat, su alfombra Hereke y sus magníficas vistas al Bósforo. Los demás edificios del complejo, incluidos los extravagantes pabellones de mármol con forma de tienda junto al agua, están cerrados al público.

PLANO: P. 140 **H5**

CONSEJO
Está prohibido hacer fotografías en el interior del edificio. La forma más agradable de llegar es tomar un ferri a Üsküdar y hacer transbordo con el ferri Üsküdar-Anadolu Kavağı, cuya primera parada es Beylerbeyi.

Escanea este código QR para más información sobre los horarios y precios.

CIRCUITO A PIE

Usküdar a través del tiempo

Üsküdar es un barrio de clase trabajadora con una población conservadora donde no hay muchos cafés, bares ni restaurantes, pero sí magníficas mezquitas imperiales. Este paseo pasa por los monumentos más importantes, algunos de los cuales conservan sus *külliye* (complejos) originales.

INICIO	FINAL	DURACIÓN
Mezquita de Şemsi Paşa	Mezquita de Çinili	3,7 km; 1 h

1 El legado de un visir

Desde el *iskele,* hay que ir al sur hasta la encantadora **mezquita de Şemsi Ahmed Paşa,** en la costa, diseñada por Mimar Sinan y construida en 1580 para un gran visir de Solimán el Magnífico. La cafetería y *çay bahçesi* en la costa, entre la mezquita y la tumba, tiene vistas maravillosas.

2 Mezquita de Mihrimah

Hay que regresar a la plaza pavimentada frente al *iskele,* donde está la *çeşme* (fuente) barroca otomana de Ahmed III. Detrás hay otro diseño de Sinan, la distintiva **mezquita de Mihrimah Sultan.** A veces llamada İskele Camii (mezquita del Muelle), fue encargada por Mihrimah, hija de Solimán el Magnífico, y construida entre 1547 y 1548.

3 Elemento inusual en una mezquita

Al cruzar la concurrida Hakimiyeti Milliye Caddesi se llega a la **mezquita de Yeni Valide,** que tiene una curiosa tumba en forma de "jaula de pájaros" en su jardín. Fue construida por el sultán Ahmed III entre 1708 y 1710 para su madre, Gülnuş Emetullah, la concubina favorita de Mehmed IV.

4 Comedor benéfico imperial

Hay que subir por Hakimiyeti Milliye Caddesi hasta llegar a una rotonda, y allí desviarse por Dr Fahri Atabey Caddesi, subir y girar hacia Sarı Mehmet Sokak al pasar la escuela primaria Sokullu Mehmet Paşa. Luego, hay que girar a la derecha en Eski Topkaşı Caddesi y nuevamente a la izquierda en **Valide İmareti Sokak,** donde hay un enorme *imaret* (comedor social) del s. XVI.

5 Adorno urbano

El *imaret* forma parte del *külliye* de la **mezquita de Atik Valide,** uno de los edificios más importantes de la ciudad. Diseñada por Sinan y construida en la colina más alta de Üsküdar en 1583 para la sultana Valide Nurbanu, esposa de Selim II y madre de Murad III, incluye un *hamam* fuera de servicio, una madraza (escuela islámica de estudios superiores), un *darüşşifa* (hospital) y un *han* (caravasar).

6 Escaparate del arte del azulejo

Desde la mezquita, hay que retroceder un poco, caminar por Kartal Baba Caddesi y girar a la izquierda hacia Çinili Hamam Sokak para llegar a la **mezquita de Çinili.** Aunque su exterior no es llamativo, su interior cuenta con hermosos azulejos de İznik del s. XVII, legado de Mahpeyker Kösem, esposa del sultán Ahmed I y madre de los sultanes Murad IV e İbrahim I.

EXPERIENCIAS

Pasear por el bazar de Beşiktaş
BARRIO DE MERCADO

El corazón de Beşiktaş, la bulliciosa zona conocida como **Çarşı** (bazar) está repleta de tiendas, restaurantes, bares y cafeterías. Sus ejes son la lonja de pescado, cubierta por una distintiva marquesina de acero y bordeada en la parte trasera por *meyhanes* (tabernas turcas), y la plazuela con una estatua de un águila negra, símbolo del club de fútbol Beşiktaş y punto de encuentro las noches de partido.

Tras el paseo, se puede hacer una pausa en uno de los muchos cafés del mercado, entre ellos, **Çakmak Kahvaltı Salonu** (PLANO: 1 P. 140 **E5**) para desayunar y **Minoa** (PLANO: 2 P. 140 **E5**) en otros momentos del día.

Unirse a los aficionados de las Águilas Negras
FÚTBOL

El **Beşiktaş Park** es el estadio del Beşiktaş (las Águilas Negras), uno de los tres mejores clubes de fútbol de la Süper Lig (Superliga) de Turquía. Los otros dos son el Galatasaray (los Leones) y el Fenerbahçe (los Canarios Dorados). Los tres tienen su sede en Estambul y son el orgullo de los lugareños. Otros cinco equipos de Estambul (Başakşehir, Fatih Karagümrük, İstanbulspor, Kasımpaşa y Pendikspor) disputaban la Süper Lig en el 2024.

Cada año, 20 equipos compiten esta liga de agosto a mayo. Tres clubes ascienden de la segunda categoría (curiosamente llamada Primera División) y tres descienden. Los dos mejores equipos juegan la UEFA Champions League.

Los partidos suelen disputarse los fines de semana. Para asistir a un encuentro en el Beşiktaş Park o en los campos de otros equipos de Estambul, hay que comprar entradas con antelación en Passo (passo.com.tr).

Aprender sobre la historia naval turca
MUSEO

Fundado hace más de un siglo para celebrar la historia naval

TÉ EN EL 'İSKELE'

Los vecinos no van al *iskele* (muelle) solo para tomar un ferri. En ellos suele haber puestos de comida y cafeterías donde disfrutar de un café o té barato mientras se observa el atraque y la salida de los barcos. Hay *vapur kafes* (cafeterías de ferri) en la 2ª planta de la terminal principal de Beşiktaş İskelesi (PLANO: 3 P. 140 **F5**) y en los *iskeles* de Kuzguncuk, Moda, Kadıköy y Çubuklu Arabalı. También hay una cafetería y una sucursal de la librería İstanbul Kitapçısı en la planta superior de la terminal de Karaköy İskelesi (PLANO: 4 P. 140 **E6**).

urca y ahora ubicado en una ala de exposiciones revestida de obre de notable arquitectura, l **Museo Naval de Estambul** Deniz Müzesi; PLANO: 5 P. 140 **E5**) xhibe una espectacular colección le *caiques* imperiales del s. XIX en a 1ª y 2ª plantas. Estos botes de emos profusamente decorados ueron utilizados por la casa real y ran habituales en el Bósforo y el Cuerno de Oro hasta principios del s. XX. Las exposiciones del sótano ncluyen fragmentos de la enorme cadena bizantina que sirvió para bloquear la entrada al Cuerno de Oro y que detuvo temporalmente la campaña de Mehmed II para conquistar la ciudad.

En la plaza frente al museo se encuentra la **tumba** (PLANO: 6 P. 140 **F5**) del almirante de la flota de Solimán el Magnífico, Barbaros Heyrettin Paşa (1483-1546), más conocido como Barbarroja.

Navegar por el Bósforo EXCURSIÓN EN FERRI

Hay varias opciones para hacer un crucero por el Bósforo. La más conocida es la larga travesía diaria entre Eminönü y Anadolu Kavağı (véase p. 142), pero quienes tengan poco tiempo pueden embarcar en uno de los ferris Dentur Avrasya que salen de Kabataş cinco veces al día y recogen más pasajeros en Beşiktaş antes de navegar hasta el puente Fatih Sultan Mehmet y regresar en un circuito de 1 h sin escalas. Para esta opción, económica y fácil desde Beşiktaş, hay que ir al *iskele* ubicado al final de Çiğdem Sokak, frente a Çırağan Caddesi.

Visitar Ortaköy el fin de semana MERCADO CALLEJERO

El antiguo pueblo pesquero de **Ortaköy** es un destino popular los fines de semana, cuando los lugareños acuden para recorrer los puestos del mercadillo de İskele Meydanı, disfrutar de las vistas del Bósforo y comer *kümpir* (patatas rellenas al horno) y gofres en los puestos de la calle peatonal que se dirige hacia el interior desde la **mezquita de Ortaköy** (PLANO: 7 P. 140 **G5**). El moderno puente de los Mártires del 15 de julio (Bósfo-

ADIÓS A LOS ATASCOS

Los constantes atascos hacen que los viajes por carretera en la costa del Bósforo sean muy lentos. La solución es tomar ferris siempre que sea posible. Varias líneas conectan ambos lados del Bósforo superior y otras recorren cada orilla. Los ferris desde Eminönü bordean la costa europea 12 veces al día, con paradas en Ortaköy, Bebek, Emirgan y otros cinco *iskeles* antes de terminar en Rumeli Kavağı y regresar por la misma ruta. En la costa asiática, hay ocho ferris diarios de Üsküdar a Anadolu Kavağı, con parada en siete *iskeles*, incluido Beylerbeyi. Horarios en sehirhatlari.istanbul.

ro) se alza detrás de este edificio barroco, una fabulosa oportunidad fotográfica para quienes quieran captar la mezcla de tradición y modernidad de Estambul.

Unirse a la gente guapa en Bebek

BARRIO

Situado en la preciosa bahía homónima del Bósforo, el lujoso barrio residencial de Bebek es conocido por el elevado precio de la vivienda, sus *boutiques* de lujo y sus elegantes restaurantes y bares. La mayor parte de la actividad se concentra en la calle principal junto al agua, Cevdet Paşa Caddesi. Esta zona comercial alberga numerosos cafés, bares y restaurantes, muchos con terrazas con vistas al agua (incluso Starbucks). Entre las opciones más populares figuran **Baylan** (PLANO: 8 P. 140 **C5**) y **Divan Pastanesi** (PLANO: 9 P. 140 **C5**). Al otro lado de la calle está el popular **Lucca** (PLANO: 10 P. 140 **C4**), un bar-cafetería con terraza que se llena las noches de los fines de semana.

También popular es **Bebek Kahve** (PLANO: 11 P. 140 **C4**), un *çay bahçesi* junto al agua detrás de las tiendas (frente a la mezquita).

Los amantes de las compras deben ir al cruce de Küçük Bebek Caddesi y Cevdet Paşa Caddesi, donde hay tentadoras *boutiques* como **Midnight Express** (PLANO: 12 P. 140 **C4**), **Ebru Günay** (véase 12 **C5**) y **Ceremony in Bloom** (véase 8 **C5**).

Entrar en una mansión encantada

CENTRO CULTURAL

El centro cultural y galería **Borusan Contemporary** (PLANO: 14 P. 140 **D4**), en un edificio conocido como *perili köşk* ("mansión encantada") alberga una colección de arte contemporáneo propiedad de Borusan Holding, un conglomerado turco de acero, energía y logística. Propone un programa de exposiciones, eventos e instalaciones específicas, con particular énfasis en las artes digitales. También hay una cafetería con terraza con magníficas vistas al Bósforo. Concebida como

LAS DULCES AGUAS DE ASIA

En la época otomana, dos arroyos, el Büyük Göksu Deresi (Gran Arroyo Celestial) y el Küçük Göksu Deresi (Pequeño Arroyo Celestial), descendían desde las colinas asiáticas hasta el Bósforo, cerca de Anadolu Hisari. Entre ellos había un delta verde que la élite otomana solía frecuentar para hacer pícnics. Los extranjeros lo llamaban "las dulces aguas de Asia". Si hacía buen tiempo, a veces incluso el sultán se unía. El sultán Abdul Mecit encargó el **Küçüksu Kasrı** (PLANO: 13 P. 140 **D5**), un pabellón de caza rococó construido en 1856-1857. Puede verse su verja de hierro fundido ornamentada, el muelle y el exterior desde el ferri.

mansión para Yusuf Ziya Pasha, la construcción del edificio comenzó alrededor de 1910, pero se detuvo en 1914 cuando el Imperio otomano entró en la I Guerra Mundial y los trabajadores de la construcción fueron movilizados. Las obras en el edificio de 10 pisos se paralizaron y permaneció vacío, de ahí la etiqueta de "mansión encantada". Ochenta años después, las obras se reanudaron y el edificio terminado, ahora oculto bajo el acceso occidental al puente Fatih Sultan Mehmet, se convirtió en sede de Borusan Holding. Más información sobre la exposición en la web (borusancontemporary.com).

Admirar la fortaleza de Europa

CASTILLO

La enorme **Rumeli Hisarı** (fortaleza de Europa; PLANO: 15 P. 140 **D4**) fue construida por orden de Mehmed el Conquistador en 1452 en el punto más estrecho del Bósforo. Su presencia y la de la **Anadolu Hisarı** (fortaleza de Asia; PLANO: 16 P. 140 **D4**), construida en la orilla opuesta entre 1393 y 1395, permitieron a los otomanos controlar el tráfico fluvial, privando a Constantinopla de abastecimiento por mar y contribuyendo significativamente a la definitiva derrota bizantina. La vida militar útil de la fortaleza duró menos de un año.

Después de la conquista, la fortaleza se utilizó como cabina de peaje del Bósforo, luego como cuartel, prisión y, finalmente, como teatro al aire libre. En el momento de redactar esta guía estaba cerrada por restauración.

Ver exposiciones de primera

GALERÍA DE ARTE

PLANO: 19 P. 140 **D3**

En el acaudalado barrio de Emirgan, el **Museo Sakıp Sabancı** cuenta con una colección permanente de arte y caligrafía turca, pero es más conocido por sus espectaculares exposiciones temporales. La colección permanente ocupa una mansión de 1925 diseñada por

EGIPTO EN EL BÓSFORO

Los jedives (virreyes) de Egipto en el s. XIX y principios del XX tenían estrechos vínculos con el Imperio otomano y solían pasar mucho tiempo en el Bósforo superior. Ismail Pasha se instaló en Emirgan, donde construyó un *yalı* en la orilla y tres pabellones en la colina; los pabellones todavía se mantienen en pie en **Emirgan Korusu** ("arboleda"; PLANO: 17 P. 140 **C3**). Su nieto, Abbas II construyó una villa palaciega *art nouveau* en lo alto de una colina en Çubuklu, cerca de Kanlıca. Conocida como **Hıdiv Kasrı** (pabellón del Jedive; PLANO: 18 P. 140 **D3**), la cafetería con jardín merece una visita. La madre de Abbas, Emine Ilhami, nacida en Turquía, construyó su propia villa *art nouveau* en Bebek, que ahora alberga el consulado de Egipto.

el arquitecto italiano Edoardo De Nari y las exposiciones temporales se realizan en una impresionante ampliación diseñada por el estudio local Savaş, Erkel y Çırakoğlu. El entorno (un magnífico jardín en una colina con vistas al Bósforo) es espectacular y la presencia de un popular restaurante hace que el lugar esté concurrido, sobre todo los fines de semana. Entrada gratuita al museo los martes.

Disfrutar de una comida con vistas

RESTAURANTE

El local formativo de la principal escuela culinaria profesional de Turquía, el **MSA'nin Restoranı** (véase 19 D3), en el Museo Sakıp Sabancı, merece una parada para explorar la parte alta del Bósforo. Su amplio menú internacional incluye *pizzas*, pastas, *sushi*, hamburguesas y curris, y hay una larga carta de bebidas con vinos nacionales e importados. Pero su mayor atractivo es la gran terraza, con vistas del Bósforo. Hay que reservar (msa.com.tr).

Apreciar la pasión de un coleccionista

MUSEO

PLANO: 20 P. 140 **C1**

El **Museo Sadberk Hanım,** que lleva el nombre de la esposa del difunto Vehbi Koç, fundador del principal imperio comercial de Turquía, está ubicado en dos *yalıs* de finales del s. XIX en Büyükdere, cerca de Sarıyer. Esta exposición de objetos turco-islámicos recopilados por la señora Koç y antigüedades de la famosa colección Hüseyin Kocabaş incluye cerámica china, de İznik y de Kütahya; tejidos y trajes de seda otomanos y balcánicos; vidrios griegos, helenísticos y romanos; y una exquisita colección de joyas y diademas de los períodos micénico, arcaico y clásico. En el momento de redactar esta guía, el museo había anunciado su traslado a Kasımpaşa, en el Cuerno de Oro, una vez completado el proyecto de HaliçPort; no se ha anunciado una fecha oficial.

DÍAS DE CIERRE

La mayoría de los museos del Bósforo cierra al menos un día a la semana. Lunes: Museo Sakıp Sabancı, palacio de Beylerbeyi, Deniz Müzesi, palacio de Dolmabahçe, Küçüksu Kasrı. Miércoles: Museo Sadberk Hanım. Lunes-viernes: Borusan Contemporary.

Localizaciones en el plano de la **p. 140**

Lo mejor para...

€ Económico €€ Medio €€€ Alto

Comer

Cocina turca moderna

Apartıman €€€
21 D3
Cafetería-*brasserie* de lujo en la calle principal de moda de Yeniköy, con comida tan impresionante como el entorno. *12.00-1.00 lu-vi, 10.00-1.00 sa y do*

Lokanta Feriye €€€
22 G5
En la terraza junto al agua de este restaurante, situado en un palacio otomano restaurado en Ortaköy, se sirve una excelente cocina turca moderna. *12.00-24.00 lu-vi, 10.00-24.00 sa y do*

Restaurantes de pescado

İsmet Baba €€€
23 G5
Este restaurante, abierto en Kuzguncuk desde 1951, es conocido por su pescado fresco, sus vistas y su servicio ocasionalmente brusco. *12.00-24.00*

Kıyı €€€
24 D2
Este restaurante de Tarabya, que sirve excelente marisco desde la década de 1960, tiene una hermosa terraza en el piso superior. *12.00-23.00*

Comida internacional

Arada Blue City €€
25 G6
En Üsküdar, este restaurante libanés familiar sobre una tienda-café con narguile ofrece una buena variedad de *meze* y asados, pero no alcohol. *8.30-24.00*

Inari Omakase €€€
26 C5
Restaurante japonés en la calle principal de Kuruçeşme, conocido por su *nigiri sushi* y sus *maki roll*. *16.00-24.00 ma-do*

Terrazas

Sade Kahve €
27 D4
Las mesas en la terraza se cotizan los fines de semana soleados en esta institución de Rumeli Hisarı, conocida por sus desayunos. *7.00-24.00*

Ninda €
véase 9 C5
Esta panadería de Bebek vende deliciosos bocadillos de masa madre para comer en su terraza o en el cercano parque junto al agua. *7.00-21.00*

Helados

Girandola €
28 C5
En el límite ventoso de Bebek en Arnavutköy; sabores italianos clásicos o inusuales como *güllaç* (arroz con leche). *10.30-00.30 ma-sa, 13.30-0.30 lu*

Bebek Mini Dondurma €
29 C5
Dondurma (helado turco) casero con sabores como *fıstık* (pistacho), *vişne* (cereza) y *tahin ceviz* (nuez y *tahini*). *9.00-2.00*

Muà €
véase 10 C4
Los propietarios de esta heladería en Bebek aprendieron su oficio en Rimini y el resultado es delicioso. Hay que probar los sabores a base de frutos secos. *10.00-0.30 do-ju, 10.00-1.30 vi y sa*

Sugerencias de lugares para comer y beber en **p. 172**

Explora Kadıköy y Moda

l bullicioso Kadıköy y su anexo de lujo, Moda, son barrios esidenciales en la costa asiática con mucho que ofrecer, ya que lbergan el mejor mercado de productos agrícolas de Estambul, afés agradables, arte urbano, bares *grunge* y un ambiente rogresista. Es agradable y fácil pasar un día recorriendo a ie esta parte de la ciudad. Lo mejor es el viaje en ferri para egar, admirando las cúpulas y minaretes que salpican los orizontes de ambas orillas mientras se navega por el norte el mar de Mármara. Regresar al atardecer, cuando las gaviotas hillan y se lanzan al agua en picado y el sol se pone sobre estos nonumentos, es una de las mejores experiencias en la ciudad.

ómo desplazarse

Ferri

os ferris regulares de Şehir Hatları van e Eminönü, Karaköy, Kabataş y Beşiktaş a adıköy; los servicios a Moda desde Kabataş on poco frecuentes. Los ferris Dentur onectan Kadıköy con Beşiktaş.

Metro

a línea Marmaray que va de Halkalı a Gebze para en Sirkeci, cerca de Eminönü, n Üsküdar y en Ayrılık Çeşmesi, donde e puede hacer transbordo a la línea M4 n dirección a Kadıköy.

Tranvía

a línea de tranvía T3 conecta Kadıköy y Moda, pero es fácil hacer el camino a pie.

Moda İskelesi (p. 169).

D_PROJECT/SHUTTERSTOCK ©

★

LO MEJOR

Explorar el **MERCADO CALLEJERO** de Kadıköy Çarşı (p. 166).

Descubrir el **ARTE URBANO** en Yeldeğirmeni (p. 170).

Degustar la **COCINA ANATOLIA** en Çiya Sofrası (p. 170).

Relajarse en el **SALÓN DE TÉ** de Moda Çay Bahçesi (p. 169).

Hacer una **VISITA GUIADA** con Alternative City Tours (p. 170).

A
B
C
D
E
F
1
2
3
4
Haydarpaşa Gari
Estrecho del Bósforo (Boğaziçi)
Rıhtım Cad
İskele Sk
Nemlizade Sk
YELDEĞİRMENİ
Uzun Hafiz Sk
İzzettin Sk
Racizode Sk
Beydagi Sk
Misak-ı Milli Cad
Reşit Efendi Sk
M Fuat Sk
Nushet Efendi Sk
Flaneur Kitabevi
2
3
Kuzgun Çizgi
4
Küff
5
Benazio Coffee
Karakolhane Cad
İnkişaf Cad
Halitağa Cad
Yavuztürk Sk
KADIKÖY
Söğütlüçeşme Cad
Çilek Sk
Kuşdili Cad
Serasker Cad
Sakiz Sk
Süleymanpaşa Sk
Sahil Yolu
Kadıköy
Albay Faik Sözdener Cad
Yasa Cad
Baylan Pastanesi
Şekerci Cafer Erol
Fazıl Bey
Ecevitler Gurme Şarküteri
Brezilya Kurukahve ve Kuruyemiş
Muvakkithane Cad
9
14
13
Neşet Ömer Sk
Kadıköy Çarşı
1
Çiya Sofrası
20
Güneşlibahçe Sk
Misbah Muhayyes Sk
Dumlupınar Sk

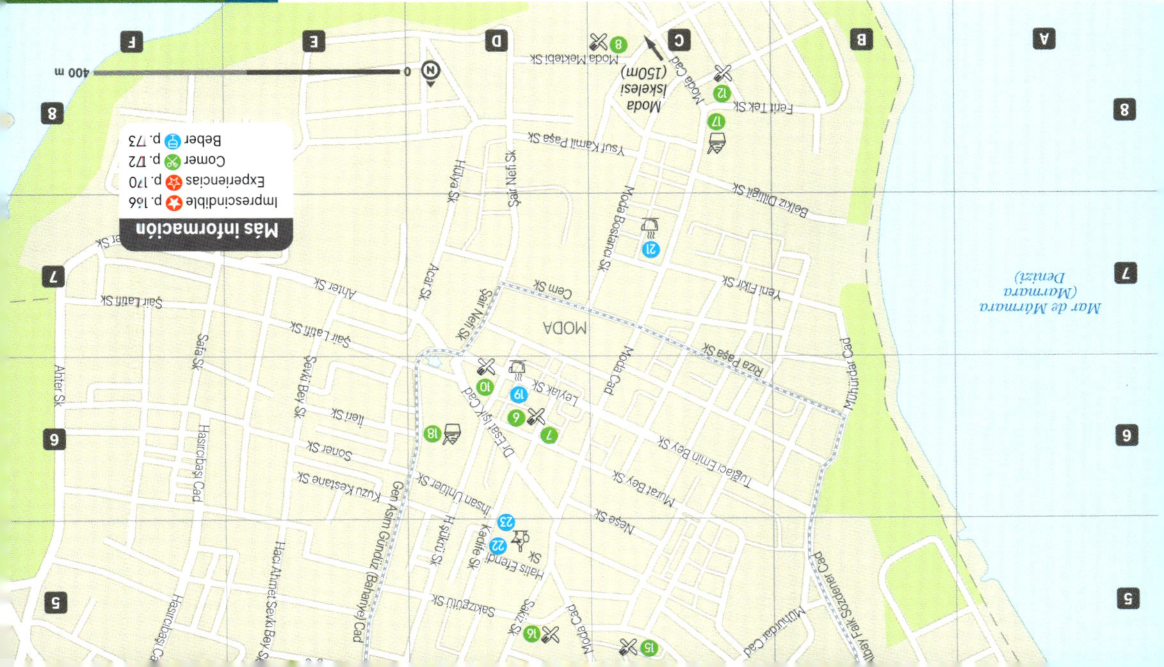
Más información
Imprescindible p. 166
Experiencias p. 170
Comer p. 172
Beber p. 173
0
400 m
A
B
C
D
E
F
5
6
7
8
MODA
Moda İskelesi (150m)
Mar de Mármara (Marmara Denizi)
Moda Mektebi Sk
Moda Cad
Ferit Tek Sk
Yusuf Kamil Paşa Sk
Şair Nefi Sk
Hülya Sk
Belkız Dilliği Sk
Moda Bostancı Sk
Cem Sk
Acar Sk
Ahter Sk
Şair Latifi Sk
Yeni Fikir Sk
Rıza Paşa Sk
Mühürdar Cad
Leylak Sk
Dr Esat Işık Cad
Safa Sk
Şevki Bey Sk
İleri Sk
Soner Sk
Kuzu Kestane Sk
Hasırcıbaşı Cad
Gen Asım Gündüz (Bahariye) Cad
İhsan Ünlüer Sk
Tuğlacı Emin Bey Sk
Murat Bey Sk
Neşe Sk
H şükrü Sk
Kadife Sk
Halis Efendi Sk
Hacı Ahmet Sevki Bey Sk
Sakızgülü Sk
Sakız Sk
Albay Faik Sözdener Cad

★ IMPRESCINDIBLE

Kadıköy Çarşı

El Kadıköy Çarşı (bazar), un atractivo escaparate de los mejores productos de Turquía, es el centro gastronómico de la costa asiática de Estambul. Se puede explorar por cuenta propia o en una visita guiada, y es lo bastante pequeño como para conservar el ambiente, pero lo suficientemente grande como para albergar comercios especializados.

PLANO: P. 164 **C4**

CONSEJO
La mayoría de las tiendas abren todos los días de 9.00 a 20.00, pero algunas retrasan su apertura hasta media mañana los domingos.

Tiendas de comestibles

Al llegar en ferri hay que cruzar Rihtim Caddesi frente al *iskele* (muelle) principal y caminar hasta Muvakkithane Caddesi o Yasa Caddesi para llegar al centro del mercado. Las mejores tiendas de comestibles están en Güneşlibahçe Sokak: pescado sobre hielo picado, frutas y verduras de temporada, miel color ámbar, encurtidos picantes, nueces recién tostadas y mucho más.

Entre los negocios añejos de Güneşlibahçe Sokak figura **Brezilya Kurukahve ve Kuruyemiş,** que vendé granos de café, nueces, fruta seca y tés desde 1920. Su propietario original fue el primer importador de café de Iberoamérica en la ciudad, de ahí su nombre (Brezilya Kurukahve significa "Cafetería Brasileña"). Cerca se encuentra **Ecevitler Gurme Şarküteri,** conocido por sus excelentes *meze* para llevar, otra institución local.

Cafés y restaurantes

Además de las tiendas y puestos de comestibles, en el bazar hay muchos lugares para comer y beber. Para disfrutar de un café turco, hay que ir a **Fazıl Bey,** abierto desde la década de 1920. Beber una taza de su fragante y rico café mientras se observa el desfile de compradores que pasan por Serasker Caddesi es un pasatiempo popular.

Para otros estilos de café, **Coffee Manifesto** (p. 173) en Güneşlibahçe Sokak y **Baylan Pastanesi** en Muvakkithane Caddesi son opciones populares.

El *lahmacun* (*pizza* de estilo árabe) y los *pides* también son básicos del bazar. En Güneşlibahçe Sokak, **Borsam Taş Fırın** (p. 172) y **Halil Lahmacun** (p. 172) sirven sabrosas versiones recién horneadas. Cerca está el restaurante más popular del bazar, **Çiya Sofrası** (p. 170).

La *şekerci* (tienda de dulces) más famosa del bazar es **Cafer Erol,** en el cruce de Yasa y Mühürdar Caddesis, frente a la histórica iglesia ortodoxa griega de Ayia Efimia. Es conocida en toda la ciudad por la extravagancia de su decoración navideña.

UNA PAUSA

Para descansar del bullicio del bazar, Ali Muhiddin Hacı Bekir tiene una encantadora cafetería donde disfrutar de una tarta, un pastel, un café o un *çay*.

CIRCUITO A PIE

Moda, arte junto al mar

Moda es una de las zonas residenciales más en boga de la ciudad. A poca distancia a pie de Kadıköy Çarşı, sus cafés y parques junto al agua lo convierten en un lugar tentador para caminar.

INICIO	FINAL	DURACIÓN
Kadıköy Çarşı	Moda İskelesi	2,5 km; 45 min

1 Mezquita de Moda

)esde Kadıköy Çarşı hay que :aminar por la concurrida Moda 'addesi y girar a la izquierda en 'em Sokak, donde se han pintado nurales en torno al Instituto Téc-ico y de Formación Profesional. Iay que pasar la iglesia católica /Ieryem Ana y girar a la derecha n Şair Nefi Sokak para llegar a la **nezquita de Moda,** que data de a década de 1960.

2 Tributo musical

Iay que girar a la derecha hacia 'usuf Kamil Paşa Sokak. La villa le colores vivos alberga un **museo** ledicado a su antiguo residente, 3arış Manço, un músico que ntrodujo el *rock* en las décadas le 1960 y 1970.

3 Local de 'dondurma'

'oca seguir hasta Moda Bostancı ;okak y girar a la izquierda, hasta 'olver a Moda Caddesi. Luego hay jue girar a la derecha y subir hasta **Meshur Dondurmacı Ali Usta** p. 173), un popular establecimien-o local de *dondurma* (helado).

4 La mansión del médico

Frente a Ali Usta hay una gran **nansión** de seis pisos algo decré-)ita. Construida en 1903 para Arif 3arıca, médico del sultán Addulha-nid II, todavía es propiedad de sus lescendientes.

5 Salón de té junto al agua

Girando a la derecha hacia Ferit Tek Sokak se llega al parque de Moda. Del lado del agua está el **Moda Çay Bahçesi,** con mesas a la sombra de los lentiscos y vistas al mar de Mármara.

6 Viviendas 'mid-century modern'

Desde el salón de té, hay que seguir la prolongación sur de Ferit Tek Sokak, una de las calles residen-ciales más prestigiosas de Moda, bordeada a un lado por **edificios de apartamentos** *mid-century modern* con vistas al agua. Al final se llega a unas escaleras que hay que bajar.

7 Manantial sagrado

De nuevo en Moda Caddesi; enfrente está Koço, una *meyhane* (taberna) centenaria muy querida en el barrio, con una gran terraza con vistas al agua. En la parte trasera se encuentra **Ayazma de Santa Catalina,** capilla subterrá-nea construida alrededor de un *ayazma* (manantial) sagrado.

8 Set Sail

Bajo la colina de Koço se halla el **Moda İskelesi,** un quiosco neo-otomano situado al final del muelle de Moda que alberga una biblioteca y un café. Desde aquí se puede tomar un ferri por la tarde de regreso a Kabataş (consúltense los horarios de salida, poco fre-cuentes, en sehirhatlari.istanbul).

EXPERIENCIAS

Explorar rincones alternativos

VISITAS GUIADAS

Monica Fritz, fotógrafa nacida en Nueva York que lleva viviendo en Estambul tres décadas propone visitas guiadas en las que comparte muchos de los secretos de la urbe. Conoce todos los barrios, pero tiene predilección por los de la costa asiática, la parte de la ciudad que considera su hogar. Su oferta de **Alternative City Tours** (alternativecitytours.com) incluye dos recorridos de medio día por estos distritos. El primero comienza en el fotogénico bazar de Kadıköy, sigue por el bohemio Yeldeğirmeni, antes de dirigirse a los suburbios de Kuzguncuk y Üsküdar. El segundo también comienza en el mercado y continúa por las calles de Kadıköy y Moda. Los participantes pueden centrarse en la fotografía, pero son recomendables para todos.

Redescubrir tesoros culinarios

RESTAURANTE

PLANO: 1 P. 164 C4

El **Çiya Sofrası** de Musa Dağdeviren ofrece platos regionales de Turquía y es parada obligatoria para los amantes de la gastronomía. Desde que abrió el *lokanta* en Kadıköy Çarşı en 1998, Dağdeviren se ha dedicado a resucitar platos perdidos de Anatolia y de países vecinos. Los chefs explican encantados las delicias que reposan al baño maría, los ingredientes y los métodos de cocción. Se ofrecen opciones de verduras y carne, así como excelentes *lahmacun* y postres. Aunque no sirve alcohol, el *şerbet* casero (bebida de frutas dulce) es un delicioso sustituto. Hay tres sucursales de Çiya en Güneşlibahçe Sokak: la *sofrası* (mesa) original en el nº 43 y dos restaurantes que también ofrecen kebabs en el lado opuesto de la calle.

Ver arte urbano sensacional

MURALES

Kadıköy es uno de los epicentros del arte urbano de la ciudad y las calles de **Yeldeğirmeni,** cerca del *iskele,* albergan murales enormes de artistas locales e internacionales. Fueron creados para el ahora desaparecido Festival Mural de Estambul. En Reşit Efendi Sokak hay murales del italiano Pixel Pancho (pixelpancho_studio) y el turco Davamını Gör; en Tayyareci Sami Sokak, uno del alemán Dome (dome_streetart); en Kırmızı Kuşak Sokak, un mural del artista croata Lonac (@lonacpot); en Nakil Sokak, otro del australiano Fintan Magee (@fintan_magee); y en Talimhane Sokak, uno de los polacos Sepe (@s_e_p_e_) y Chazme (@chazme718). Entre los artistas locales que merecen la pena figuran No More Lies (@nomoreliesart), Ömeria (@omeriaworks), Max on Duty (@maxonduty), Schenki (@schenki_wf) y Cins

@cins3000). El *feed* de
@istanbulstreetart ofrece una
uena descripción de las propues-
as locales.

.a zona más en oga de Kadıköy

BARRIO

Jo solo el arte urbano atrae a
a juventud local a Yeldeğirmeni.
ambién hay una rica oferta de
afés y tiendas alternativas, inclui-
las *boutiques vintage* y librerías
ndependientes, por ejemplo,
'laneur Kitabevi (PLANO: 2 P. 164 **E1**),
specializada en libros de arte, y
Kuzgun Çizgi (PLANO: 3 P. 164 **E1**), que
ende cómics, *manga* y fanzines.
Entre los cafés figura **Küff** (PLANO:
4 P. 164 **E1**), que se distribuye en tres
spacios en Karakolhane Caddesi
es tan popular que a menudo hay
ola, especialmente los fines de se-
nana. El cercano **Benazio Coffee**
PLANO: 5 P. 164 **E1**), casi tan popular,
s conocido por sus deliciosos y
sequibles desayunos.

ESTACIÓN DE HAYDERPAŞA

Los pasajeros que viajen a Kadıköy en ferri verán esta histórica estación de tren antes de llegar. Construida en la primera década del s. XX, fue diseñada por arquitectos alemanes e inaugurada en 1908. Fue la terminal principal de los servicios ferroviarios asiáticos hasta que sufrió graves daños a causa de un incendio en el 2010. En el 2016, tras una gran polémica, la Autoridad Metropolitana de Estambul anunció que el edificio sería restaurado y seguiría siendo una estación de tren, convirtiéndose en la terminal de la línea de alta velocidad Estambul-Ankara. Estaba previsto completar la restauración en el 2024.

LA CIUDAD DE LOS CIEGOS

Aunque la península histórica de Estambul se denomina casco antiguo, el primer asentamiento se situó en Kadıköy. Los megarenses se establecieron allí en el s. VII a.C. y la llamaron Calcedonia. Poco después llegó otro colono megarense, Bizas, enviado por su padre, el rey de Megara, a quien el oráculo de Delfos había aconsejado que estableciera otro asentamiento "frente a los ciegos". La leyenda dice que cuando Bizas llegó se dio cuenta de que la punta del Serrallo, en la costa europea, era un lugar mucho más conveniente para construir y que sus predecesores habían sido "ciegos" al no darse cuenta.

SUGERENCIAS

Lo mejor para...

€ Económico €€ Medio €€€ Alto

Localizaciones en el plano de la **p. 164**

Comer

Alta cocina

Aralık €€
6 D6
Elegante bar de vinos y cócteles con un menú turco moderno que incluye opciones vegetarianas y veganas. *17.00-0.30 lu-vi, 12.00-0.30 sa y do*

Aida Vino e Cucina €€€
7 D6
Restaurante italiano en Moda con un menú refinado y una buena carta de vinos con referencias italianas y turcas. *17.00-24.00 lu-vi, 15.00-24.00 sa*

Cibalikapı €€€
8 C8
Considerado uno de los mejores restaurantes de pescado de la ciudad, esta institución de Moda tiene una agradable terraza. *12.30-1.00*

Locales informales

Ali Muhiddin Hacı Bekir €
9 C4
Además de su famoso *lokum,* la sucursal en Kadıköy Çarşı de este famoso negocio tiene una encantadora cafetería. *8.00-21.00 lu-sa, 9.00-14.00 do*

700 Gram €€
10 D6
Panadería y cafetería conocida por sus excelentes cruasanes, pan de masa madre y pasteles. También buenas ensaladas. *9.00-22.00*

Pizzeria Il Pellicano €€
11 E5
Regentado por un *pizzaiolo* italiano, sirve *pizzas* al estilo napolitano a devotos llegados de toda la ciudad. *12.00-21.45 ma-do*

Dün €€
12 C8
Restaurante popular con platos internacionales, incluidas hamburguesas y bastantes opciones vegetarianas y veganas. *10.00-23.00*

Comida de mercado

Halil Lahmacun €
13 C4
Posiblemente el mejor *lahmacun* de la ciudad. Tiene mesas en la planta superior y en la calle. El menú se limita al clásico *lahmacun* y al *pide* de *peynirli* (queso), ambos bien calientes. *11.30-20.30 ma-do*

Borsam Taş Fırın €
14 C4
Otro restaurante de *lahmacun* y *pide* muy recomendable, con taburetes en la calle, aunque la mayoría de los clientes pide para llevar. *11.00-22.00*

Kadıköy Midyecisi €
15 C5
Deliciosos mejillones frescos servidos al vapor en cuencos o rellenos de arroz especiado, vendidos por unidad. *11.00-3.00 do-ju, 11.00-4.00 vi y sa*

Basta! Street Food Bar €€

16 D5

Hamburguesas y *dürüms* (carne a la parrilla envuelta en pan ácimo) de buena calidad. *12.00-22.00 lu-sa, 12.00-21.00 do*

Helados

Meshur Dondurmacı Ali Usta €

17 C8

Fundado en 1969, este *dondurmacı* ofrece más de 30 sabores. En invierno, las bolas enriquecen las tazas de *sahlep* (bebida láctea caliente hecha con raíz de orquídea). *10.00-3.00*

Dondurmacı Yaşar Usta €

18 D6

Yaşar Usta, conocida por sus sorbetes aptos para veganos, tiene varias sucursales en el lado asiático de la ciudad, incluida una en la frontera de Kadıköy y Moda. *12.00-24.00*

Beber

Café

Walter's Coffee Roastery

19 D6

Este popular espacio de *coworking* sirve café expreso, Aeropress, Chemex, *cold brew* y de filtro en su elegante local en Moda. *10.00-23.00*

Coffee Manifesto

20 C4

Laboratorio de café de tercera generación que atrae a los aficionados más exigentes; sucursales en el mercado de Kadıköy, Yeldeğirmeni y Moda. *8.30-21.00*

Kronotrop

21 C7

Hay dos sucursales del pequeño tostadero de Cihangir: la de Moda Caddesi tiene una amplia terraza. *7.00-23.30 lu-vi, 8.00-23.30 sa y do*

Bares

Karga Bar

22 D5

Los bares de Kadıköy se concentran en Kadife Sokak, a menudo llamado Barlar Sokak ("calle de los bares"), y Karga es el preferido, con bebida barata y música alternativa (DJ en la planta baja, actuaciones en directo en la alta). *11.00-2.00 do-ju, 11.00-3.00 vi y sa*

Bina

23 D5

A los clientes habituales les encanta el jardín trasero, y también hay un espacio para artes y espectáculos en el piso superior. *13.00-2.00*

Arkaoda

véase 23 D5

Este local relajado, un centro de música y arte independiente, ofrece sesiones de DJ regulares y tiene un patio trasero. *12.00-2.00 do-ju, 12.00-3.00 vi y sa*

Stereogun

véase 22 D5

Conocido por su terraza en la azotea. *15.30-2.00 do-mi y vi, 16.30-2.00 ju, 14.00-2.00 sa*

★ MERECE LA PENA

Islas Príncipe

Los vecinos de Estambul llaman Adalar, las "islas", a las islas Príncipe. Son nueve islas situadas 20 km al sureste de la ciudad, en el mar de Mármara, pero solo cinco están habitadas; cuatro de ellas son accesibles en ferri, incluidas las dos más grandes, Büyükada y Heybeliada.

CONSEJO
Es preferible visitar las Adalar entre semana entre mediados de abril y octubre, ya que los fines de semana de verano hay mucha gente, y en los meses más fríos no hay nadie y muchos negocios cierran.

Senderismo y baño en Büyükada

La visión de Büyükada (Gran Isla; foto) desde el ferri impresiona: las villas anaranjadas pueblan las laderas de la colina y las cúpulas gemelas bulbosas del Splendid Palas Hotel ofrecen una referencia inconfundible. Las calles están salpicadas de hermosas villas de madera del s. XIX y las colinas están cubiertas de bosques de pinos con senderos para caminar y hacer un pícnic. El principal atractivo de la isla es la **iglesia y monasterio de San Jorge (Aya Yorgi),** ubicado en una colina de 203 m de altura conocida como Yücetepe.

Muchos turcos visitan Adalar para bañarse en sus playas rocosas, con acceso de pago (la entrada a los clubes incluye una tumbona y una sombrilla). En Büyükada, los mejores clubes son Nakibey, Yörükali o Viranbağ.

Los locales de comida rápida y puestos de helados se agrupan en torno al *iskele;* los restaurantes suelen estar junto al agua y abren solo en verano.

Paseo por las calles repletas de villas de Heybeliada

Heybeliada (abreviada como Heybeli) es la más bonita de las Adalar, repleta de villas de madera del s. XIX. La referencia principal es el **monasterio de Hagia Triada,** situado en la cima de una colina sobre una pintoresca hilera de álamos en un lugar ocupado por un monasterio griego desde época

IZZET KERIBAR/SHUTTERSTOCK ©

bizantina. Un agradable paseo desde el *iskele* hasta Refah Şehitleri Caddesi permite ver algunas de estas villas con bien cuidados jardines.

Gran parte del paisaje son bosques protegidos y populares entre los excursionistas. Para bañarse se puede ir a los clubes Ada o Aqua Green. Los mejores restaurantes están en el paseo marítimo; la mayoría cierra en invierno. Hay cafeterías, *pideçıs* y *kebapçıs* sencillos en el interior, en Ayyıldız Caddesi.

Cómo llegar y desplazarse

Los ferris de Şehir Hatları (sehirhatlari.istanbul) van a las Adalar desde Kabataş. Dentur (denturavrasya.com) sale de Beşiktaş y recoge pasajeros en Kabataş y en Eminönü. Los fines de semana de verano, hay que llegar al menos 30 min antes de la salida. El trayecto dura 1¾ h y hace falta una İstanbulkart para viajar. Hay minibuses eléctricos que aceptan İstanbulkarts en Heybeliada y Büyükada. Se pueden alquilar bicicletas.

UNA PAUSA
Comer al aire libre es habitual en las islas Príncipe. En Büyükada se pueden comprar provisiones para un pícnic en Çınar Caddesi; en Heybeli hay que ir a Ayyıldız Caddesi.

TAKSİM – TÜNEL
SuperStep
CHANGE OFFICE
GUESS

Guía práctica

İstiklal Caddesi (p. 120).

LAPAS77/SHUTTERSTOCK ©

Viajar en familia

Estambul es un destino ideal para unas vacaciones en familia. Puede que los niños se quejen de la cantidad de mezquitas y museos en el itinerario, pero adorarán los parques, los viajes en ferri y la deliciosa comida.

Entradas

Los niños hasta 12 años entran gratis a muchos museos, aunque no en Santa Sofía (a partir de 9 años pagan la tarifa completa), la plaza de Topkapi (a partir de 9 años) o el palacio de Dolmabahçe (a partir de 7 años). Los niños no turcos pagan la tarifa completa en la Cisterna Basílica.

Comidas

Los niños suelen ser bien recibidos en los restaurantes, aunque en pocos hay tronas o menús infantiles. Los locales tradicionales suelen ofrecer *yarım porsiyon* (media ración). El *pide*, similar a la *pizza*, y las patatas fritas *(kızarmış patates)* figuran en la mayoría de los menús. Combinan bien con las *izgara köfte* (albóndigas a la parrilla). Siempre suele haber *ketçap* (kétchup) si se pide.

MUSEO APTO PARA NIÑOS

El Museo Rahmi M Koç en Hasköy tiene exposiciones interactivas sobre transporte y tecnología, incluidos aviones, barcos, trenes y submarinos. Se llega en el ferri de Haliç desde Karaköy.

Escanea este código QR para acceder a información sobre la visita.

Parques y zonas de juego

Hay zonas de juego en los parques Gülhane, Cundi (en Küçuk Aya Sofya) y Tophane (frente al İstanbul Modern).

Transporte público

Los menores de 7 años viajan gratis en la mayoría de los transportes públicos.

Bebés

Los *bebek bezi* (pañales) y las *bebek maması* (leches maternizadas) se encuentran fácilmente. Las aceras no suelen ser aptas para cochecitos; es mejor llevar una mochila. La lactancia en público es poco frecuente.

Alojamiento

En Estambul hay opciones para todos los gustos y presupuestos. Conviene reservar con antelación en temporada alta, como primavera, otoño y Navidad.

Si te gusta...

Monumentos antiguos

Sultanahmet y Sirkeci (p. 43) Los monumentos más importantes y la mayoría de los hoteles, *pansiyons* (pensiones) y albergues están en Sultanahmet. El inconveniente es la falta de vida nocturna y opciones aceptables para comer y beber. En Sirkeci hay más restaurantes, pero menos opciones de alojamiento.

Vida de barrio

Barrio del Bazar (p. 71) Es una zona comercial muy concurrida de día, pero de noche no tiene vida, por lo que no se recomienda. Dicho esto, hay cada vez más hoteles a precios razonables en la zona residencial de Küçük Ayasofya. Mejor evitar los sórdidos Aksaray y Laleli.

Establecimientos de lujo y vistas

Barrios del Bósforo (p. 139) Los hoteles de lujo a orillas del Bósforo en Beşiktaş y Ortaköy ofrecen piscinas infinitas, *spas* y restaurantes *gourmet*. La falta de transporte público a Beyoğlu y al casco antiguo es un problema, pero mejorará cuando se inaugure la estación de Kabataş de la nueva línea de metro M7 a fines del 2025.

IMPRESCINDIBLE

Nos encanta...

Beyoğlu **(p. 111)**
Beyoğlu es el epicentro de la gastronomía, el ocio y la cultura de la ciudad, con alojamientos de todo tipo y estilo. El casco antiguo es accesible a pie, en tranvía o en metro; el resto, en ferri o metro.

CUÁNTO CUESTA

Cama en un albergue desde **18 €**

Hotel-*boutique* de gama media desde **140 €**

Hotel de lujo desde **250 €**

Comida, bebida y fiesta

Alergias e intolerancias

Las cartas no suelen especificar los posibles alérgenos, y esto, unido a las dificultades lingüísticas, puede complicar la vida a las personas con alergias e intolerancias. En caso de duda, es mejor ser precavido.

CÓMO SE DICE

soy alérgico a...	*Alerjim var...*
frutos secos	*fındık*
marisco	*deniz ürünleri*
lácteos	*süt ürünleri*
gluten	*glüten*

?

CÓMO PREGUNTAR...

¿Tiene gluten?
Bu glütensiz mi?
¿Tiene frutos secos?
Bunun içinde fındık var mı?
¿Hay una opción vegana?
Vegan seçeneği var mı?

OJO CON MORDER EL ANZUELO

En los *balık restoran* (restaurantes de pescado), los clientes escogen el pescado de un expositor. Antes de confirmar la elección, hay que pedir al camarero que lo pese e indique el precio para evitar sorpresas, ya que puede ser muy caro.

Comida callejera

Los tentempiés populares y baratos de los puestos ambulantes incluyen *simits* (rosquillas con semillas de sésamo) recién horneados, *balık ekmek* (bocadillo de pescado), *mısır* (mazorcas de maíz), *kestane* (castañas asadas) y *midye dolma* (mejillones rellenos).

Pagar la cuenta

Para pedir la cuenta hay que decir *hesap, lütfen* ("la cuenta, por favor").

Dividir la cuenta Los turcos no dividen la cuenta (se considera de mala educación). Suele pagar quien propone ir a comer.

Propinas Los restaurantes, bistrós y *meyhanes* a veces cobran un 10% de propina por *servis ücreti* ("servicio"). Si no figura en la factura, es habitual una propina del 10% si el servicio ha sido bueno. En los cafés, *lokantas, kebapçıs, köftecıs* y *pidecis* no suele dejarse propina.

PRECIOS

Los precios siguientes toman como referencia el coste medio de un plato principal:

€ menos de 7 €
€€ 7-21 €
€€€ más de 21 €

HORARIOS

Los horarios pueden variar en función de barrios y tipo de establecimiento. Esta es una orientación general.

Cafés 9.00-22.00
Restaurantes y 'meyhanes' 17.00-24.00
'Lokantas' 9.00-16.00

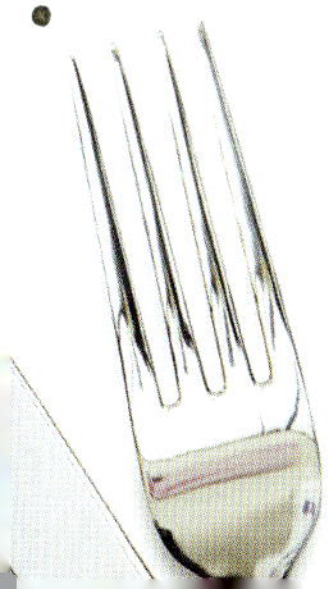

Salir

Bares En Beyoğlu, los barrios vecinos y Kadıkoy hay muchos bares, incluidos bares de vinos, coctelerías y locales *grunge*.

'Pubs' y cervecerías Hay muchos *pubs* y cervecerías en Beyoğlu, Beşiktaş y Kadıkoy para tomar una pinta y ver deportes (especialmente fútbol) en pantalla grande.

Cafés de narguile Muchos turcos no beben alcohol y se reúnen en restaurantes, cafés o locales donde se disfruta de narguiles.

Clubes Los locales de Beyoğlu y alrededores, así como de Kadıkoy, suelen ser acogedores. Está prohibido fumar en espacios cerrados, pero esta norma no siempre se respeta en Beyoğlu. Es muy difícil entrar en las grandes discotecas del Bósforo, como Sortie y Ruby: hay que ir de punta en blanco y debe haber mujeres en el grupo. Para ver música en directo, hay que ir a Kadife Sokak en Kadıkoy o a Babylon en Bomonti.

CUÁNTO CUESTA

'Döner'
5 €

'Pide'
8 €

Efes (330 ml)
4 €

Cóctel
11 €

Copa de vino
7 €

Café turco
2 €

Capuchino
3 €

ANDYD/GETTY IMAGES ©

Turismo responsable

Basta seguir estos consejos para dejar una huella menor, apoyar la economía local y generar un efecto positivo en las comunidades.

Reciclado

En el 2023, el Gobierno turco presentó la iniciativa Cero Residuos (zerowaste.gov.tr) para minimizarlos, pero todavía no se han observado efectos significativos y la separación de la basura no es habitual. Se han hecho esfuerzos para reducir el uso de plásticos de un solo uso, y los supermercados cobran por las bolsas, por lo que conviene llevar una reutilizable.

Hoteles sostenibles

El portal de turismo del Gobierno turco, GoTürkiye (goturkiye.com), tiene una lista de los hoteles que han obtenido la acreditación de turismo sostenible. En el momento de redactar esta guía había más de 100 en Estambul.

IMPRESCINDIBLE

Tiendas y mercados ecológicos

Cada sábado se celebra el tradicional **mercado ecológico de Feriköy** (p. 132) con frutas y verduras ecológicas certificadas.

El cambio climático y los viajes

Es imposible ignorar el impacto de nuestros viajes y la importancia de hacer cambios. Lonely Planet anima a todos los viajeros a involucrarse en su huella de carbono. Muchas webs de líneas aéreas y sitios de reservas ofrecen la opción de compensar el impacto de los gases de efecto invernadero realizando donaciones para iniciativas respetuosas con el clima en todo el mundo.

Muchas calculadoras de carbono en línea permiten a los viajeros estimar las emisiones de carbono generadas por su viaje; por ejemplo, **resurgence.org** accesible mediante el código QR de la izquierda.

Salud y seguridad

Estambul es, en general, un destino seguro, donde los incidentes graves y los problemas de salud son raros.

TERREMOTOS

Turquía se asienta en fallas geológicas activas. Los terremotos pueden ser devastadores, como se demostró en el sureste del país en el 2023. Si se está en un espacio cerrado durante un terremoto, hay que refugiarse bajo muebles resistentes lejos de las ventanas. Al aire libre hay que alejarse de edificios, farolas y líneas eléctricas.

Comunidad LGTBIQ+

En Turquía, la homosexualidad no es un delito y desde 1988 es legal cambiar de sexo, pero no hay leyes que protejan a las personas LGTBIQ+ de la discriminación, el matrimonio entre personas del mismo sexo no está reconocido, la aplicación de citas Grindr está prohibida y se han registrado agresiones a personas LGTBIQ+. Dicho esto, las parejas del mismo sexo no tendrán problema para reservar una habitación doble en Estambul y serán bien recibidas en la mayoría de los restaurantes, bares y discotecas.

Agua de grifo

El agua del grifo es segura, aunque está muy clorada; muchos lugareños prefieren beber agua embotellada.

Seguridad personal

Hay que desconfiar de los desconocidos que invitan a bares o discotecas: hay viajeros que han tenido que pagar grandes sumas o han sido extorsionados. No se deben consumir ni transportar drogas ilegales. Los delitos relacionados con drogas se castigan con largas penas de prisión. Algunos perros portan el virus de la rabia, que puede ser mortal.

SEGURIDAD PEATONAL

Los coches no suelen ceder el paso a los peatones: hay que tener cuidado al cruzar la calle. Muchas aceras están mal mantenidas y algunas tiendas tienen sótanos con escaleras peligrosas y sin protección.

A TENER EN CUENTA

Servicios de salud
La web healthturkiye.com enumera los centros médicos autorizados por el Ministerio de Salud turco.

Documento de identidad
Es obligatorio llevar un documento con fotografía, por ejemplo, un pasaporte.

Robos
Ojo con los carteristas.

Accesibilidad

Mujeres viajeras

Debe adaptarse el comportamiento y vestimenta al entorno: prendas que son apropiadas en Beyoğlu o a lo largo del Bósforo (como blusas y pantalones cortos) no lo son en barrios conservadores como Fatih o Üsküdar. Hay que llevar un chal para cubrirse la cabeza al visitar mezquitas.

Transporte público

El transporte público es gratuito para personas en silla de ruedas. El metro, el tranvía Bağcılar-Kabataş y los funiculares son accesibles, pero los ferris no. En las estaciones de metro hay ascensores y tornos anchos. Muchas paradas y andenes tienen superficies pododáctiles para personas con discapacidad visual.

Alojamiento

La mayoría de los hoteles de cuatro y cinco estrellas es accesible en sillas de ruedas y tiene al menos una habitación adaptada. Muchos apartamentos, albergues y habitaciones de hoteles económicos solo tienen acceso por escaleras.

AEROPUERTO DE ESTAMBUL

Las puertas de llegadas y salidas están lejos de los mostradores de facturación e inmigración, por lo que los pasajeros mayores o con problemas de movilidad pueden necesitar una silla de ruedas, que debe solicitarse a la aerolínea con al menos 48 h de antelación.

IMPRESCINDIBLE

Los museos son heterogéneos en cuanto a accesibilidad. La mayoría ofrece acceso gratuito a visitantes con discapacidad y acompañantes, pero no todos tienen acceso para sillas de ruedas *(tekerlekli sandalye)* o baños accesibles. El mejor es el **İstanbul Modern**, con baños, rampas y ascensores accesibles, una "Visita guiada descriptiva" para adultos con discapacidad visual y visitas guiadas y talleres para niños con discapacidad visual o sordos.

RETOS PARA LA MOVILIDAD

Las personas mayores o con problemas de movilidad pueden tener dificultades para circular por las aceras y pasos de peatones de Estambul, ya que muchos tienen baches y superficies irregulares.

Recursos

accessibleturkey.org Paquetes y excursiones de un día para usuarios de sillas de ruedas, reservas de hoteles accesibles, servicios de transporte y alquiler de equipos.

Lo esencial

Horario comercial

Los horarios varían. A continuación se ofrece una orientación general.

Bares Desde la tarde hasta la madrugada

Clubs nocturnos 23.00 hasta la madrugada

Bancos 9.00-12.30 y 1.30-17.00 lu-vi

Restaurantes y cafés Desayuno 7.30-10.30, almuerzo 12.00-.15.30, cena 18.00-22.00

Tiendas 10.00-19.00 lu-sa

A TENER EN CUENTA

Hora local Hora de Europa oriental (GMT/UTC + 3h).

Códigos de población Estambul europea 0212, Estambul asiática 0216

Emergencias 112

Población 16,04 millones de hab.

ELECTRICIDAD

220V/230V (50HZ)

Fumar

Está prohibido fumar en el transporte público y en espacios públicos cerrados, como restaurantes, cafeterías y centros comerciales. Está permitido en las zonas para fumadores, en la calle y en las zonas al aire libre de los locales de ocio. Vapear no es ilegal, pero sí la venta o el comercio de vaporizadores.

Fiestas oficiales

Los bancos, las oficinas y los servicios administrativos cierran en las siguientes fiestas oficiales.

Yılbaşı (Año Nuevo) 1 de enero

Ulusal Egemenlik ve Çocuk Bayramı (Día de la Soberanía Nacional y Día del Niño) 23 de abril

Emek ve Dayanışma Günü (Día del Trabajo y la Solidaridad) 1 de mayo

Atatürk'ü Anma, Gençlik ve Spor Bayramı (Conmemoración de Atatürk, Día de la Juventud y el Deporte) 19 de mayo

Demokrasi ve Milli Birlik Günü (Día de la Democracia y la Unidad Nacional) 15 de julio

Zafer Bayramı (Día de la Victoria) 30 agosto

Cumhuriyet Bayramı (Día de la República) 29 de octubre

El **Şeker Bayramı** dura tres días al final del Ramadán; el **Kurban Bayramı** es una fiesta religiosa de cuatro días cuya fecha cambia cada año.

Idioma

Lo básico

Hola.
Merhaba.

Adiós.
Hoşçakal.

Sí.
Evet.

No.
Hayır.

Disculpe.
Pardon o
Bakar mısınız.

Perdón.
Özür dilerim.

Por favor.
Lütfen.

Gracias.
Teşekkür ederim.

Frases útiles

¿Habla inglés?
İngilizce konuşuyor musunuz?

No entiendo.
Anlamıyorum.

Desearía ... ... istiyorum.
una cerveza **bira**
un café **bir kahve**
un té **bir çay**

La cuenta, por favor.
Hesap lütfen.

¿Cuánto es?
Ne kadar?

¿Dónde está el aseo?
Tuvalet nerede?

¿Dónde hay un cajero automático?
Bankmatik nerede?

¿Cuál es la dirección?
Adresi nedir?

Necesito un recibo, por favor.
Fiş lütfen.

Números

1	2	3	4	5
bir	iki	üç	dört	beş

Sí y no

Según el diccionario, **evet** significa "sí" y **hayır,** "no". Pero no siempre es tan sencillo...

Los turcos a veces dicen **var** (literalmente "existe") en lugar de evet para decir "sí". Refuerzan el mensaje asintiendo con la cabeza una vez, hacia adelante y hacia abajo.

Mover la cabeza de un lado a otro no significa "no", sino "no entiendo". Para decir "no", los turcos asienten con la cabeza hacia arriba y hacia atrás, levantando las cejas (el hecho de levantar las cejas significa lo mismo). También pueden decir **tsk.**

MENSAJES DE TEXTO

Abreviaturas empleadas para sohbet etmek (chatear):

ii *(iyi)* **bien**

mrb *(merhaba)* **hola**

nbr *(naber?)* **¿Qué tal?**

slm *(selam)* **hola** (informal)

opt *(öptüm)* **'Un beso'** (despedida)

Señalización

Abierto Açık

Hombres Bay

Mujeres Bayan

Salida Çıkışı

Entrada Giriş

Cerrado Kapalı

Prohibido fumar Sigara Içilmez

Servicios Tuvaletler

Prohibido Yasak

Fonética

familia aile
pasaporte pasaport
visado vize
solo yalnız

ENTENDER A LOS CAMAREROS

Buen provecho. Afiyet olsun.

Aquí tiene. Buyurun!

Qué desea tomar? Ne arzu edersiniz?

Sugiero el... ... tavsiye ederim.

6 altı

7 yedi

8 sekiz

9 dokuz

10 on

Índice

Puntos de interés p. 000
Págs. de los planos **p. 000**

Véanse también los subíndices:
Comer p. 191
Beber p. 192
Comprar p. 193

Comer

Beber

Comprar

La opinión del lector

Nos encanta escuchar a los viajeros, ya que con sus comentarios nos ayudan a mejorar nuestros libros. Podéis escribirnos a lonelyplanet.com/contact; leemos todos los mensajes y garantizamos que estos lleguen a los autores.

Nota: Es posible que algunos fragmentos de estos mensajes aparezcan en nuevas ediciones de las guías Lonely Planet, en la web o en productos digitales. Si preferís que vuestro contenido o nombre no sean publicados, por favor, indicadlo claramente. Para obtener una copia de nuestra política de privacidad, podéis visitar lonelyplanet.com/legal.

geoPlaneta
Av. Diagonal 662-664, 08034 Barcelona
www.geoplaneta.com – www.lonelyplanet.es

Lonely Planet Global Limited
Lonely Planet Global Limited, Digital Depot,
The Digital Hub, Dublín D08 TCV4, Irlanda
www.lonelyplanet.com
Contacta con Lonely Planet en: lonelyplanet.com/contact

Estambul de cerca
7ª edición en español – febrero del 2025
Traducción de *Pocket İstanbul*, 7ª edición – diciembre del 2024

1ª edición en español – febrero del 2008

Editorial Planeta, S.A.
Av. Diagonal 662-664, 7º. 08034 Barcelona (España)
Con la autorización para la edición en español de Lonely Planet Global Limited, Digital Depot,
The Digital Hub, Dublín, D08 TCV4, Irlanda

ISBN: 978-84-08-29699-7
Depósito legal: B. 16.948-2024
Impresión y encuadernación: Estella
Printed in Spain – Impreso en España